SCHULAUFGABEN MATHEMATIK

Alfred Müller

Mathematik 6. Klasse

STARK

Bildnachweis
Umschlag: © Keung1616/Dreamstime.com
Seite 1:   © Valeriy Aksak/Dreamstime.com
Seite 25: © Nikola Bilic/Dreamstime.com
Seite 51: © Stark Verlag
Seite 77: © CD-Fotografik/Fotolia.com
Seite 101: © Heiner Witthake/Fotolia.com, veytalbiz/Fotolia.com

ISBN 978-3-86668-114-9

© 2012 by Stark Verlagsgesellschaft mbH & Co. KG
www.stark-verlag.de
1. Auflage 2009

Das Werk und alle seine Bestandteile sind urheberrechtlich geschützt. Jede vollständige oder teilweise Vervielfältigung, Verbreitung und Veröffentlichung bedarf der ausdrücklichen Genehmigung des Verlages.

Inhalt

Vorwort

Schulaufgaben zum Themenbereich 1:
Weiterentwicklung der Zahlvorstellung 1

Schulaufgabe 1 2
Bruchteile und Veranschaulichung; gemischte Zahlen und unechte Brüche; Zahlenstrahl, Größenbeziehung zwischen Brüchen; besondere Brüche; Kürzen von Brüchen; Brüche im Sachzusammenhang; relative Häufigkeit

Schulaufgabe 2 8
Definition von Scheinbruch; Bruchteile in Diagramm; Runden und Schätzen; dezimale Schreibweise bei Größen; Vergleich und Größenbeziehungen bei Brüchen; Brüche im Sachzusammenhang; Kürzen von Brüchen; relative Häufigkeit und grafische Darstellung

Schulaufgabe 3 13
Bruchteile aus Veranschaulichung angeben; Umwandlung von Dezimalbrüchen in gemeine Brüche und umgekehrt; Kürzen und Erweitern von Brüchen; Vergleich von Brüchen; Definitionen kennen; Brüche im Sachzusammenhang; relative Häufigkeit

Schulaufgabe 4 19
Bruchteile von Größen bestimmen; Bruchteile aus Veranschaulichungen angeben; Vergleich von Dezimalbrüchen und gemeinen Brüchen; Umwandlung von gemeinen Brüchen in Dezimalbrüche, Runden bei Dezimalbrüchen; Brüche im Sachzusammenhang; schwierige Größenbeziehung bestimmen; relative Häufigkeit

Schulaufgaben zum Themenbereich 2:
Rechnen mit nicht-negativen rationalen Zahlen 25

Schulaufgabe 5 26
Zusammenhang zwischen Bruchzahlen; Größenbeziehung zwischen Brüchen; Addition und Subtraktion von Brüchen; Rechenpyramiden; Brüche im Sachzusammenhang; relative Häufigkeit

Schulaufgabe 6 32
Addition und Subtraktion von Brüchen; Multiplikation und Division von Brüchen; Doppelbruch; Brüche im Sachzusammenhang; relative Häufigkeit, Säulendiagramm und Notendurchschnitt

Schulaufgabe 7 38
Addition und Subtraktion von Brüchen; Multiplikation und Division von Brüchen; Dezimalzahl in Stunden und Minuten umwandeln; Vergleich von Brüchen; Bruchzahlen am Zahlenstrahl; Sachaufgaben zu Bruchteilen und Veränderung von Bruchteilen; relative Häufigkeiten aus Säulendiagramm bestimmen

Schulaufgabe 8 44
Besondere Multiplikation von Brüchen; Umwandlung von Brüchen in endliche und periodische Dezimalbrüche; magisches Quadrat; Terme mit Dezimalzahlen und Brüchen; Doppelbruch; Brüche im Sachzusammenhang; eine besondere Teilung; Verteilung eines Gewinns mit Bruchteilen

Schulaufgaben zum Themenbereich 3:
Flächen- und Rauminhalt 51

Schulaufgabe 9 52
Multiplikation und Division von Brüchen; Anwendung des Distributivgesetzes; Volumeneinheiten; Zeichnung und Flächenberechnung im Koordinatensystem; Flächengleichheit; Flächenberechnung durch Zerlegung; Flächenberechnung am Rechteck; kombinatorische Aufgabe; Querprodukt

Schulaufgabe 10 58
Bestimmung von Termwerten mit Dezimalzahlen; Umwandlung von Dezimalzahlen in Brüche; Brüche im Sachzusammenhang; Umwandlung von Maßeinheiten ineinander; Zeichnung im Koordinatensystem mit Festlegen der Höhe bei vorgegebener Grundlinie und Dreiecksfläche, Folgerung; Dreieck, Quadrat und Parallelogramm; Quadervolumen; Würfelnetz

Schulaufgabe 11 64
Bruch als endlicher oder periodischer Dezimalbruch; Doppelbruch; Fläche beim Würfelschnitt; Würfelnetze; Fläche bei gerundeten Maßen; Volumen eines oben offenen Quaders aus Netz bestimmen; Terme mit Raummaßen; Würfeloberfläche und Würfelvolumen; Quadervolumen; Brüche und Dezimalbrüche im Sachzusammenhang

Schulaufgabe 12 70
Berechnung eines Bruchterms; Runden von Dezimalbrüchen; Symmetrie erkennen; Formel $V = G \cdot h$ anwenden; Oberflächeninhalt und Volumen eines Prismas mit Dreieck als Grundfläche; Volumen und Oberfläche eines Werkstücks; Würfel aus kleinen Würfeln: Volumen und Oberfläche; Sachaufgabe zu Tunnelbau mit Raummaßen; Sachaufgabe zu Volumen und Gewicht

Schulaufgaben zum Themenbereich 4:
Rechnen mit rationalen Zahlen 77

Schulaufgabe 13 78
Runden von Dezimalbrüchen; Kommaschreibweise bei Größen; Fehlererkennung in einer Rechnung; Größenbeziehungen zwischen rationalen Zahlen; Termberechnungen mit rationalen Zahlen; multiplikatives magisches Quadrat; allgemeine Beziehung zwischen Brüchen; Flächeninhalt von Trapez und Dreieck; Brüche im Sachzusammenhang

Schulaufgabe 14 84
Runden von Dezimalbrüchen; Kommaschreibweise bei Größen; Rauminhalt und Oberfläche eines Würfels; Größenbeziehungen zwischen rationalen Zahlen; Termberechnungen und Gleichung mit rationalen Zahlen; Besonderheiten bei Gleichungen; Umformung mit Hilfe des Distributivgesetzes und Vergleich Zähler und Nenner; Lösungen, die einen Bruch ganzzahlig machen

Schulaufgabe 15 89
    Größenvergleich rationaler Zahlen; Volumen und Oberfläche eines Würfels; Terme mit
    Raummaßen; Doppelbruch; Brüche mit Dezimalzahlen; besondere Gleichungen; schwierige
    Abschätzung einer Summe

Schulaufgabe 16 95
    Terme mit Raummaßen und Dezimalbrüchen; Vergleich von Brüchen; doppelter Doppel-
    bruch; Terme mit Brüchen und Dezimalzahlen, periodischer Dezimalbruch; Netz und
    Volumen eines Prismas mit Dreieck bzw. Trapez als Grundfläche; Flächeninhalt eines
    Trapezes

Schulaufgaben zum Themenbereich 5:
Mathematik im Alltag – Prozentrechnung und Diagramme,
Schlussrechnungen 101

Schulaufgabe 17 102
    Umwandlung von Bruchteilen in Prozentzahlen und umgekehrt; Schlussrechnungen;
    prozentuale Veränderung bei Rechteckflächen; prozentuale Abschreibung einer Maschine;
    Sachaufgaben zu Prozentrechnung; Rauminhalt und Prozentrechnung; Sachaufgaben zur
    und Darstellung der direkten Proportionalität

Schulaufgabe 18 108
    Umwandlung von Bruchteilen in Prozentzahlen und umgekehrt; prozentuale Vergrößerung
    und Verkleinerung; Sachaufgaben zur Prozentrechnung; einfache Schlussrechnungen;
    Rechnung: Nettobetrag, Mehrwertsteuer, Bruttobetrag; Skonto; relative Häufigkeit und
    Stabdiagramm; schwierige Aufgabe zur Schlussrechnung

Schulaufgabe 19 114
    einfache Schlussrechnungen; prozentuale Erhöhung und Absenkung; Zinsrechnung,
    Berechnung von Grundwert und Zinszeit; Autoreparatur: Mehrwertsteuer und Skonto;
    relative Häufigkeit; Kreisdiagramm

Schulaufgabe 20 121
    Berechnung von Prozent- und Promillewerten; Prozentrechnung zu „billiger, teurer";
    quaderförmiges Becken und prozentuale Abnahme des Inhalts, Wasserhöhe; Prozentzahlen
    bei Fremdsprachenkenntnissen; schwierige Schlussrechnung: Füllmengen und Füllzeiten

Schulaufgabe 21 126
    prozentuale Anteile; Sachaufgaben zur Prozentrechnung; Sachaufgaben zur direkten und
    indirekten Proportionalität; Sachaufgaben aus dem täglichen Leben; prozentuale Geschwin-
    digkeitsüberschreitung; einfache Schlussrechnungen; schwierige Schlussrechnung

Schulaufgabe 22 132
    Sachaufgaben zu Volumen und zur Prozentrechnung; Wertepaare und Liniendiagramm;
    einfache Schlussrechnungen; durchschnittlichen prozentualen Anteil bestimmen

Autor: Alfred Müller

Vorwort an die Schüler

Liebe Schülerin, lieber Schüler,

du hast das erste Jahr am Gymnasium erfolgreich hinter dir gelassen und dich erwarten nun viele neue, spannende Bereiche im Fach Mathematik. Der Stoff der 6. Klasse greift alle Themen der 5. Klasse wieder auf und wird insbesondere durch die Bruchzahlen ergänzt.

Dieses Buch hält für dich eine Reihe von Schulaufgaben bereit, die ähnlich sind zu den Arbeiten, die du in der Schule schreiben wirst. Beim Lösen der Aufgaben wirst du merken, dass manche leicht und manche schwer sind. Dies erkennst du im Lösungsteil des Buches auch an der Zahl der Nüsse, die über der jeweiligen Teilaufgabe steht.

  einfach
  mittel
  schwer

Die **Zeitangaben** neben den Nüssen verraten dir, wie lange du in etwa zum Lösen einer Teilaufgabe brauchen darfst. Bedenke aber, dass die Zeiten für einen gut geübten Schüler (vor einer Schulaufgabe) gelten.

Mit den **ausführlichen Lösungen**, die du im Anschluss an eine Schulaufgabe findest, kannst du deine Ergebnisse vergleichen. Wenn du einmal nicht weiter weißt, dann schaue nicht sofort in der Lösung nach, sondern lies die **Hinweise und Tipps**. Diese erklären dir, wie du einen Weg zum Lösen einer Aufgabe findest, ohne den genauen Rechenweg gezeigt zu bekommen.

Wenn du mit diesem Buch gewissenhaft arbeitest, kannst du deinen Leistungsstand gut einschätzen und dich gezielt auf die dir bevorstehenden Schulaufgaben vorbereiten.

Ich wünsche dir viel Erfolg für das 6. Schuljahr!

Alfred Müller

Vorwort an die Eltern

Liebe Eltern,

ihr Kind lernt nun die Bruchzahlen und die Prozentrechnung kennen sowie die Darstellung von Sachzusammenhängen in Diagrammen und den Flächeninhalt von Dreiecken, Parallelogrammen und Trapezen. Die zentralen Themenbereiche im Mathematikunterricht der 6. Klasse gliedern sich wie folgt:

Themenbereich 1	Weiterentwicklung der Zahlvorstellung
Themenbereich 2	Rechnen mit nicht-negativen rationalen Zahlen
Themenbereich 3	Flächen- und Rauminhalt
Themenbereich 4	Rechnung mit rationalen Zahlen
Themenbereich 5	Mathematik im Alltag: • Prozentrechnung und Diagramme • Schlussrechnungen

Gleichmäßig übers Schuljahr verteilt werden aus diesen Stoffgebieten mehrere Schulaufgaben gefordert. Dieses Buch beinhaltet
- für jeden der fünf Themenbereiche sorgfältig konzipierte und erprobte **Schulaufgaben**,
- **Hinweise und Tipps** zur Lösungsfindung und
- **ausführliche Lösungen** zum Abgleich der Ergebnisse Ihres Kindes.

Die **Gesamtbearbeitungszeit** beträgt für jede Schulaufgabe 45 Minuten und es sind jeweils **40 Bewertungseinheiten** (BE) zu erreichen. Mit dem folgenden Notenschlüssel können Sie und Ihr Kind seine Leistung bewerten.

Notenschlüssel					
Note 1	Note 2	Note 3	Note 4	Note 5	Note 6
40–35	34–29	28–23	22–17	16–9	8–0

Ich wünsche Ihnen und Ihrem Kind viel Erfolg und Freude mit diesem Buch!

Alfred Müller

Schulaufgaben zum Themenbereich 1
Weiterentwicklung der Zahlvorstellung

Schulaufgabe 1

BE

1. a) Familie Kirchner hat ein rechteckiges Grundstück gekauft und möchte zwei Rasenflächen anlegen, die in der nebenstehenden Abbildung grau dargestellt sind.
   Gib den Bruchteil an, den der Rasen vom Gesamtgrundstück ausmacht. $\frac{2}{8} = \frac{1}{4}$

   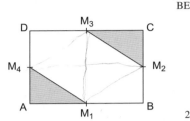

   2

   b) Vervollständige: 4

   (1) 2 kg sind $\frac{1}{4}$ von ... 8 kg

   (2) 12 m sind $\frac{2}{3}$ von 18 m.

   (3) 75 min sind $\frac{5}{4}$ von 60 min.

2. Schreibe

   a) als gemischte Zahl: 3

   (1) $\frac{47}{6} = 7\frac{5}{6}$

   (2) $220 : 13 = \frac{220}{13} = 16\frac{12}{13}$

   b) als unechten Bruch: 2

   (1) $6\frac{1}{7} = \frac{43}{7}$

   (2) $5\frac{5}{6} = \frac{35}{6}$

3. a) Ordne die Brüche $\frac{15}{8}$, $1\frac{7}{12}$ und $\frac{11}{6}$ der Größe nach. Trage dann die Brüche auf einem Zahlenstrahl mit der Längeneinheit 6 cm ab. 4

   b) Vervollständige zu einer wahren Aussage: 4

   (1) $\frac{0}{15} = 0$ (2) $\frac{105}{105} = 1$

   (3) $\frac{4}{5} > \frac{4}{7}$ (4) $\frac{2}{7} < \frac{3}{7}$

4. Kürze vollständig:

   a) $\dfrac{297}{495} = \dfrac{3}{5}$

   b) $\dfrac{55 \cdot 85 \cdot 24}{132 \cdot 25 \cdot 68} =$

5. Max benötigt für seine Hausaufgaben 1 h 30 min, davon $\frac{1}{6}$ für Deutsch. Drei Fünftel der verbleibenden Zeit braucht er für Mathematik. Berechne, wie viel Zeit er für die anderen Fächer benötigt.

6. Am Schiller-Gymnasium wurden alle Schüler der 6. Jahrgangsstufe nach ihrer Lieblingseissorte befragt. Es durfte nur eine Antwort gegeben werden.

Vanille	Erdbeer	Zitrone	Stracciatella	Schokolade	Sonstige

   a) Erstelle aus der Strichliste eine Tabelle mit den absoluten und relativen Häufigkeiten der genannten Lieblingseissorten.

   b) Fertige ein Säulendiagramm für die relativen Häufigkeiten aus a an.

Hinweise und Tipps

1. a) Zerlege das Grundstück in Dreiecke und zähle ab.
   b) Bedeutung des jeweiligen Bruchteils überlegen.

2. a) Dividiere den Zähler durch den Nenner.
   b) Multipliziere die ganze Zahl mit dem Nenner und addiere die Bruchteile.

3. a) Erweitere die Brüche auf den gemeinsamen Nenner 24.
   b) Besonderheiten und Größenvergleich von Brüchen kennen.

4. Zerlege Zähler und Nenner in kürzbare Faktoren bzw. Primfaktoren.

5. Drücke die Gesamtzeit in Minuten aus.

6. a) Bestimme die Gesamtanzahl an Schülern. Lies die Häufigkeiten anhand der Striche ab.
   b) Wähle eine geeignete Höhe für das Säulendiagramm.

Lösung

1. a) ⏲ 2 Minuten, 🌐 / 🌐🔍

Das Grundstück kann in acht gleich große Dreiecke zerlegt werden von denen zwei grau sind.

Als Bruchteil: $\frac{2}{8} = \frac{1}{4}$

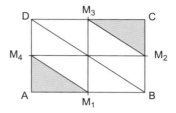

BE

2

b) ⏲ 3 Minuten, 🌐

(1) **2 kg** sind $\frac{1}{4}$ von **8 kg**.   1

(2) **12 m** sind $\frac{2}{3}$ von 18 m.   1

(3) 75 min sind $\frac{\mathbf{5}}{\mathbf{4}}$ von 60 min.   2

2. a) ⏲ 3 Minuten, 🌐

(1) $\frac{47}{6} = 7\frac{5}{6}$ 1

(2) $220 : 13 = \frac{220}{13} = 16\frac{12}{13}$ 2

b) ⏲ 2 Minuten, 🌐

(1) $6\frac{1}{7} = \frac{43}{7}$ 1

(2) $5\frac{5}{6} = \frac{35}{6}$ 1

3. a) ⏲ 5 Minuten, 🌐 / 🌐🔍

Brüche auf Hauptnenner erweitern:

$\frac{15}{8} = \frac{45}{24}$; $1\frac{7}{12} = \frac{19}{12} = \frac{38}{24}$; $\frac{11}{6} = \frac{44}{24}$

Es folgt: $1\frac{7}{12} < \frac{11}{6} < \frac{15}{8}$

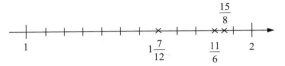

b) 4 Minuten,

(1) $\frac{\mathbf{0}}{15} = 0$

(2) $\frac{105}{\mathbf{105}} = 1$

(3) z. B. $\frac{4}{5} > \frac{4}{\mathbf{7}}$

(4) z. B. $\frac{\mathbf{2}}{7} < \frac{3}{7}$

4. a) 3 Minuten,

$$\frac{297}{495} = \frac{27 \cdot 11}{9 \cdot 55} = \frac{3^3 \cdot 11}{3^2 \cdot 5 \cdot 11} = \frac{3}{5}$$

b) 6 Minuten,

$$\frac{55 \cdot 85 \cdot 24}{132 \cdot 25 \cdot 68} = \frac{5 \cdot 11 \cdot 5 \cdot 17 \cdot 8 \cdot 3}{4 \cdot 33 \cdot 5 \cdot 5 \cdot 4 \cdot 17} = \frac{5 \cdot 11 \cdot 5 \cdot 17 \cdot 2^3 \cdot 3}{2^2 \cdot 3 \cdot 11 \cdot 5^2 \cdot 2^2 \cdot 17} = \frac{1}{2}$$

5. 5 Minuten,

1 h 30 min = 90 min

$\frac{1}{6}$ von 90 min = 15 min ⇒ Rest 75 min

$\frac{3}{5}$ von 75 min = 45 min ⇒ Rest 30 min

Max benötigt 30 min für die anderen Fächer.

6. a) ⏲ 6 Minuten,

Insgesamt wurden $24 + 20 + 9 + 13 + 22 + 12 = 100$ Schüler befragt.

	absolute Häufigkeit	relative Häufigkeit
Vanille	24	$\frac{24}{100} = 0{,}24$
Erdbeer	20	$\frac{20}{100} = 0{,}2$
Zitrone	9	$\frac{9}{100} = 0{,}09$
Stracciatella	13	$\frac{13}{100} = 0{,}13$
Schokolade	22	$\frac{22}{100} = 0{,}22$
Sonstige	12	$\frac{12}{100} = 0{,}12$

b) ⏲ 6 Minuten,

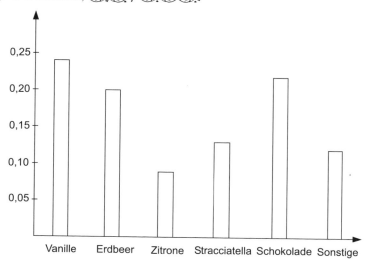

Schulaufgabe 2

BE

1. a) Vervollständige: Ein Bruch $\frac{Z}{N}$ heißt Scheinbruch, wenn …   2

b) Herr Schmidt hat einen Teil seines Küchenfußbodens fliesen lassen (graue Fläche in der Abbildung). Ermittle, welcher Bruchteil seiner Küche gefliest worden ist. $\frac{14}{30} = \frac{7}{15}$ 30

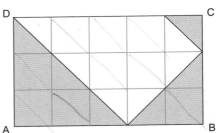

2

c) Ersetze Zähler und Nenner durch benachbarte Zahlen so, dass der neue Bruch durch Kürzen einfacher wird. Gib den gekürzten Bruch an und schätze, ob er größer oder kleiner als der ursprüngliche Bruch ist:

$\frac{26}{99} \approx$ 3

2. a) Schreibe mit der angegebenen Maßeinheit und runde dann so, dass die Maßzahl eine natürliche Zahl wird:

$0{,}0768956$ ha = $\boxed{768{,}956}$ m² ≈ $\boxed{767}$ m²

b) Verwandle in die angegebene Einheit: 4
  (1) 3,4 cm² (dm²) $0{,}034 \, dm^2$
  (2) 2,2 hℓ (ℓ) $220 \, \ell$
  (3) 8,1 t (kg) $8100 \, kg$
  (4) 27 cm (km) $0{,}00027 \, km$

3. a) Von den 840 Schülerinnen und Schülern des Rathenau-Gymnasiums besuchen $\frac{4}{15}$ die Unterstufe, $\frac{6}{15}$ die Mittelstufe und $\frac{5}{15}$ die Oberstufe. Gib an, wie viele Schülerinnen und Schüler die einzelnen Stufen besuchen.   4

b) Von einer Torte sind bereits $\frac{5}{8}$ verkauft worden. Der Rest kostet 9 €. Berechne, wie teuer die gesamte Torte war.   3

4. a) Ordne die folgenden Brüche der Größe nach in einer aufsteigenden Ungleichungskette:
$$\frac{4}{5}, \frac{5}{6}, \frac{7}{12}, \frac{23}{30}$$

b) Kürze vollständig:
$$\frac{44 \cdot 14 \cdot 36}{42 \cdot 77 \cdot 96} =$$

5. a) Ein Zehntel von einem Zehntel einer Zahl ist ein Zehntel. Ermittle, wie groß die Zahl ist.

b) Stefanie kauft eine Tafel Schokolade. Die Tafel wiegt 150 g bei einem Kakaoanteil von 78 %. Berechne den Kakaoanteil der Schokolade in Gramm.

6. Bei der Wahl zum Schülersprecher wurden 712 gültige Stimmen abgegeben: Leon bekam 89, Antje 267 und Sebastian die restlichen Stimmen. Gib die relativen Häufigkeiten für die einzelnen Bewerber bei dieser Wahl an (verwende den gemeinsamen Nenner 8) und zeichne ein Kreisdiagramm.

Hinweise und Tipps

1. a) Gib die Definition an.

   b) Zerlege den Küchenfußboden in Dreiecke und zähle die Anzahl der grauen Dreiecke ab.

   c) Für das Runden Zähler verkleinern und Nenner vergrößern, d. h. der Bruch wird kleiner.

2. a) Beachte die Umrechnungszahl 100 bei Flächemaßen sowie die Rundungsregel.

   b) Überlege dir die Umrechnungszahlen in den einzelnen Maßen.

3. a) Berechne die Anteile $\frac{4}{15}$, $\frac{6}{15}$ und $\frac{5}{15}$ von 840.

   b) Rest gleich 9 € setzen.

4. a) Erweitere die Brüche auf den gemeinsamen Nenner 60 und vergleiche.

   b) Zähler und Nenner in kürzbare Faktoren oder Primfaktoren zerlegen.

5. a) Die Zehntelbildung zweimal rückgängig machen.

   b) Wandle 78 % in einen Bruch um und berechne den Anteil an 150 g.

6. Bestimme die Stimmenzahl für Sebastian. Rechne die relativen Häufigkeiten aus. Erstelle dann das Kreisdiagramm mit den richtigen Winkelgrößen.

Lösung

1. a) ⏱ 2 Minuten, 📖.

Ein Bruch $\frac{Z}{N}$ heißt Scheinbruch, wenn der Zähler Z ein Vielfaches des Nenners N ist.

BE

2

b) ⏱ 3 Minuten, 📖📖.

Der Küchenfußboden enthält $2 \cdot 3 \cdot 5 = 30$ gleichgroße Dreiecke, von denen 14 gefliest worden sind.

Als Bruchteil: $\frac{14}{30} = \frac{7}{15}$

2

c) ⏱ 3 Minuten, 📖 / 📖📖.

$\frac{26}{99} \approx \frac{25}{100} = \frac{1}{4}$

2

Es gilt: $\frac{1}{4}$ ist kleiner als $\frac{26}{99}$, weil der Zähler verkleinert und der Nenner vergrößert wird.

1

2. a) ⏱ 2 Minuten, 📖.

1 ha = 100 a = 100^2 m^2, also:

0,0768956 ha = $\boxed{768{,}956}$ m^2 ≈ $\boxed{769}$ m^2

2

b) ⏱ 4 Minuten, 📖.
(1) 3,4 cm² = 0,034 dm²   1
(2) 2,2 hℓ = 220 ℓ   1
(3) 8,1 t = 8 100 kg   1
(4) 27 cm = 0,00027 km   1

3. a) ⏱ 4 Minuten, 📖📖.

Unterstufe:

$\frac{4}{15}$ von 840 = $\left(\frac{1}{15} \text{ von } 840\right) \cdot 4 = (840 : 15) \cdot 4 = 56 \cdot 4 = 224$

2

Mittelstufe: $56 \cdot 6 = 336$ 1
Oberstufe: $56 \cdot 5 = 280$ 1

b) 4 Minuten,
$\frac{3}{8}$ der Torte bleiben übrig, die 9 € entsprechen.
$\frac{1}{8}$ der Torte kostet dann 3 €.
D. h. die ganze Torte kostet 3 € · 8 = 24 €.

4. a) 4 Minuten,
$\frac{4}{5} = \frac{48}{60}$; $\frac{5}{6} = \frac{50}{60}$; $\frac{7}{12} = \frac{35}{60}$; $\frac{23}{30} = \frac{46}{60}$
Es folgt: $\frac{7}{12} < \frac{23}{30} < \frac{4}{5} < \frac{5}{6}$

b) 5 Minuten,
$\frac{44 \cdot 14 \cdot 36}{42 \cdot 77 \cdot 96} = \frac{4 \cdot 11 \cdot 2 \cdot 7 \cdot 4 \cdot 9}{2 \cdot 3 \cdot 7 \cdot 7 \cdot 11 \cdot 32 \cdot 3} = \frac{2^2 \cdot 11 \cdot 2 \cdot 7 \cdot 2^2 \cdot 3^2}{2 \cdot 3 \cdot 7 \cdot 7 \cdot 11 \cdot 2^5 \cdot 3} = \frac{1}{2 \cdot 7} = \frac{1}{14}$

5. a) 3 Minuten,
Man macht die Rechnung rückgängig. So erhält man zuerst das Zehnfache von $\frac{1}{10}$, d. h. 1, dann das Zehnfache von 1, d. h. 10.
Die gesuchte Zahl heißt 10.

b) 5 Minuten,
$78\% = \frac{78}{100}$
$\frac{78}{100}$ von 150 g = $\frac{39}{50}$ von 150 g = (150 g : 50) · 39 = 3 g · 39 = 117 g
Die Tafel Schokolade hat einen Kakaoanteil von 117 g.

6. 6 Minuten,
Sebastian bekommt 712 − 89 − 267 = 356 Stimmen.
Relative Häufigkeiten:
h(Leon) = $\frac{89}{712} = \frac{1}{8}$
h(Antje) = $\frac{267}{712} = \frac{3}{8}$
h(Sebastian) = $\frac{356}{712} = \frac{1}{2} = \frac{4}{8}$

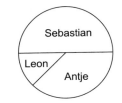

Schulaufgabe 3

1.
a) Laura wünscht sich eine neue Uhr, doch sie hat erst $\frac{3}{5}$ des Kaufpreises zusammengespart.
Berechne, wie viel Geld ihr noch fehlt, wenn die Uhr 80 € kostet.

b) Markiere den Bruch $\frac{5}{14}$ auf einem Zahlenstrahl mit der Einheit 7 cm.

c) Sabrina möchte aus dreieckigen Blättchen ein Quadrat legen. Die grau eingefärbten Dreiecke in der nebenstehenden Abbildung entsprechen den Feldern, auf denen noch kein Blättchen liegt.
Welcher Bruchteil von Sabrinas Quadrat ist noch mit keinem Blättchen versehen?

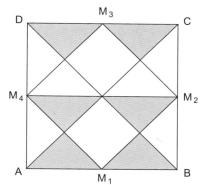

2.
a) Erläutere, wann man einen echten Bruch in einen endlichen Dezimalbruch umwandeln kann.

b) Gib als Dezimalzahl an:
(1) $\frac{7}{20}$
(2) $\frac{23}{25}$
(3) $\frac{111}{125}$

c) Gib als gekürzte Bruchzahl an:
(1) 0,2
(2) 0,54
(3) 0,125

3.
a) Vervollständige:
(1) $\frac{459}{306} = \frac{\Box}{100}$
(2) $\frac{395}{316} = \frac{\Box}{100}$

b) Kürze vollständig: 4

(1) $\dfrac{184}{253} =$

(2) $\dfrac{861}{984} =$

4. a) Ordne die Brüche der Größe nach: $\dfrac{3}{5}$; $\dfrac{3}{2}$; $\dfrac{3}{7}$ 2

b) Vervollständige die folgende Regel:

$\dfrac{a}{b} < \dfrac{a}{c}$, wenn ...   2

c) Setze das richtige Zeichen (< oder >) für ... ein: 4

(1) $\dfrac{5}{13}$ ... $\dfrac{5}{14}$

(2) $\dfrac{13}{17}$ ... $\dfrac{14}{17}$

(3) $\dfrac{13}{15}$ ... $\dfrac{7}{8}$

(4) $8\dfrac{1}{5}$ ... $7\dfrac{5}{4}$

5. Lukas sagt zu Martin: „Ich gebe dir 40 % der Schokoladen- und 2 der Erdbeer-Muffins. Mir bleiben dann noch 2 mit Schokolade und 75 % mit Erdbeer, wenn ich meiner Schwester einen mit Schokolade gebe." Ermittle, wie viele Muffins Lukas zu Beginn von jeder Sorte hatte.   5

6. 60 Schüler der Unterstufe werden nach ihrer Teilnahme am Wahlunterricht Sport und am Wahlunterricht Werken befragt. Man erhält folgende Angaben: 18 Schüler besuchen den Wahlunterricht Sport und 15 Schüler den Wahlunterricht Werken, wobei sechs Schüler an beiden Kursen teilnehmen.
Wie groß ist die relative Häufigkeit der Schüler, die
(1) an Sport,
(2) nur an Sport,
(3) nur an Werken,
(4) an keinem der beiden Kurse
teilnehmen?   5

Hinweise und Tipps

1. a) $\frac{3}{5}$ von 80 € bestimmen und Differenz ausrechnen.
   b) Zeichne einen Zahlenstrahl und unterteile 7 cm in 14 Kästchen.
   c) Zerlege das Quadrat in gleiche Dreiecke und zähle ab.

2. a) Achte auf die Faktoren im Nenner.
   b) Erweitere jeweils auf Nenner 100 bzw. 1 000.
   c) Nenner 10 bzw. 100 bzw. 1 000 schreiben und kürzen.

3. a) Zerlege Zähler und Nenner in Faktoren, kürze und erweitere dann auf den Nenner 100.
   b) Zerlege Zähler und Nenner in Faktoren und kürze.

4. a) Beachte die Nenner der Brüche.
   b) Größenbeziehung bei gleichen Zählern überlegen.
   c) Vergleiche Zähler und Nenner der Brüche.

5. Drücke die Zahl der Schokoladen-Muffins von Lukas und seiner Schwester als Bruchteil aus und berechne darüber, wie viele es insgesamt gibt. Verfahre mit den Erdbeer-Muffins genauso.

6. Mengendiagramm erstellen und die absoluten Häufigkeiten zur Berechnung der relativen Häufigkeiten ablesen.

Lösung

BE

1. a) ⏱ 2 Minuten, 🧠📖.

$\frac{3}{5}$ von 80 € = (80 € : 5) · 3 = 16 € · 3 = 48 €

Ihr fehlen noch 80 € − 48 € = 32 €. 2

b) ⏱ 2 Minuten, 🧠.

2

c) ⏱ 2 Minuten, 🧠.
Das Quadrat kann in 16 gleiche Dreiecke zerlegt werden, von denen sechs grau eingefärbt sind.

Als Bruchteil: $\frac{6}{16} = \frac{3}{8}$ 2

2. a) ⏱ 2 Minuten, 🧠.
Ein echter Bruch lässt sich in einen endlichen Dezimalbruch umwandeln, wenn nach dem Kürzen der Nenner nur noch die Faktoren 2 und 5 enthält. 2

b) ⏱ 3 Minuten, 🧠.

(1) $\frac{7}{20} = \frac{35}{100} = 0{,}35$ 1

(2) $\frac{23}{25} = \frac{92}{100} = 0{,}92$ 1

(3) $\frac{111}{125} = \frac{888}{1\,000} = 0{,}888$ 1

c) ⏱ 3 Minuten, 🧠.

(1) $0{,}2 = \frac{2}{10} = \frac{1}{5}$ 1

(2) $0{,}54 = \frac{54}{100} = \frac{27}{50}$ 1

(3) $0{,}125 = \frac{125}{1\,000} = \frac{1}{8}$ 1

3. a) 🕐 5 Minuten,

(1) $\dfrac{459}{306} = \dfrac{27 \cdot 17}{18 \cdot 17} = \dfrac{27}{18} = \dfrac{3}{2} = \dfrac{150}{100}$ 2

(2) $\dfrac{395}{316} = \dfrac{5 \cdot 79}{4 \cdot 79} = \dfrac{5}{4} = \dfrac{125}{100}$ 2

b) 🕐 6 Minuten,

(1) $\dfrac{184}{253} = \dfrac{8 \cdot 23}{11 \cdot 23} = \dfrac{8}{11}$ 2

(2) $\dfrac{861}{964} = \dfrac{21 \cdot 41}{24 \cdot 41} = \dfrac{21}{24} = \dfrac{7}{8}$ 2

4. a) 🕐 2 Minuten,

$\dfrac{3}{7} < \dfrac{3}{5} < \dfrac{3}{2}$ 2

b) 🕐 2 Minuten,

$\dfrac{a}{b} < \dfrac{a}{c}$, wenn b > c. 2

c) 🕐 4 Minuten,

(1) $\dfrac{5}{13} > \dfrac{5}{14}$ 1

(2) $\dfrac{13}{17} < \dfrac{14}{17}$ 1

(3) $\dfrac{104}{120} = \dfrac{13}{15} < \dfrac{7}{8} = \dfrac{105}{120}$ 1

(4) $8\dfrac{1}{5} < 7\dfrac{5}{4} = 8\dfrac{1}{4}$ 1

5. 🕐 6 Minuten,

Lukas bleiben 2 Schokoladen-Muffins. Zusammen mit dem Muffin, den er seiner Schwester gibt, sind es 3. Diese 3 Muffins entsprechen 60 % = $\dfrac{3}{5}$. 1 Muffin entspricht also $\dfrac{1}{5}$. Somit sind es 5 Stück. 3

2 Erdbeer-Muffins entsprechen 25 % = $\dfrac{1}{4}$. Damit gibt es 8 Muffins dieser Sorte. 2

6. ⏰ 6 Minuten,

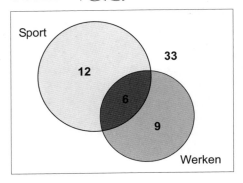

(1) $h_1 = \dfrac{18}{60} = \dfrac{3}{10}$

(2) $h_2 = \dfrac{18-6}{60} = \dfrac{12}{60} = \dfrac{1}{5}$

(3) $h_3 = \dfrac{15-6}{60} = \dfrac{9}{60} = \dfrac{3}{20}$

(4) Es nehmen zwar 18 Schüler am Wahlunterricht Sport und 15 an Werken teil, doch darunter befinden sich 6 Schüler, die beides machen. Es gibt daher $60-(18+15-6)=33$ Schüler, die an keinem der beiden Kurse teilnehmen. Damit folgt:

$h_4 = \dfrac{33}{60} = \dfrac{11}{20}$

Schulaufgabe 4

1. a) Berechne:

    (1) $\dfrac{3}{11}$ von 2 h 1 min

    (2) $\dfrac{26}{39}$ von 9 kg

    (3) $\dfrac{9}{13}$ von 5 h 38 min

    (4) $\dfrac{76}{57}$ von 12 kg

    b) Isabel packt Geschenke ein und möchte die Oberseite eines Geschenks bunt bemalen. Für den einen Teil verwendet sie rote (in Abbildung grau), für den anderen gelbe (in Abbildung weiß) Farbe. Ermittle den Bruchteil der Geschenkoberseite, den sie rot bemalt.

    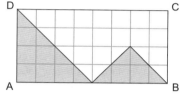

    c) Vervollständige:
    Erweitern eines Bruchs heißt, ...
    Schreibe die Definition anschließend mit Platzhaltern.

2. a) Welche Zahlen x und y sind auf dem Zahlenstrahl markiert?

    ```
    ├┼┼┼┼┼┼┼┼┼┼┼┼┼┼┼┼┼┼┼┼┼┼┼┼┼┼┼┼┼┼┼┼┼┼┼┼┼┼┼┼─►
    0         1         2 ↑       3       ↑ 4
                          x               y
    ```

    b) Ordne der Größe nach und beginne mit der kleinsten Zahl:
    0,005031; 0,005301; 0,000531; 0,005310

    c) Runde die folgenden Dezimalbrüche auf die in Klammern angegebene Genauigkeit:
    (1) 0,005999   (2 Dezimalstellen)
    (2) 18,4995   (3 Dezimalstellen)

3. a) Papa Kaiser bestellt eine Familienpizza und teilt sie in 4 Stücke. Mama Kaiser bekommt $\frac{5}{18}$ der Pizza, Sohn David $\frac{3}{12}$ und Tochter Luise $\frac{2}{9}$. Er selbst behält $\frac{1}{4}$ der Pizza.
Welches Familienmitglied isst das größte und welches das kleinste Stück? Ordne dazu die Zahlen ihrer Größe nach. 4

b) Vervollständige: Ein Bruch $\frac{Z}{N}$ heißt echter Bruch, wenn ... 2

c) Verwandle in einen Dezimalbruch: 4

(1) $5\frac{13}{20} =$

(2) $\frac{37}{250} =$

(3) $\frac{63}{225} =$

4. a) Anne und Michael kehren von einer Radtour nach Hause zurück. „Wir sind 4 Stunden gefahren", erzählt Anne stolz ihrer Mutter. Berechne, wie lange die Radtour gedauert haben kann, wenn sie auf Stunden gerundet hat. 2

b) Ein Stab steckt 80 cm tief in der Erde. Von dem Stück über der Erde werden $\frac{2}{3}$ rot, die restlichen 20 cm blau angestrichen.
Ermittle die Länge des Stabs. 4

5. Frau Schuster hat die Preise für die Schuhe in ihrem Schuhgeschäft vergangenen Monat um 15 % erhöht und diesen Monat wieder um 15 % gesenkt. Lisa träumt schon länger von einem bestimmten Paar Stiefel. Sie weiß, dass die Stiefel vor zwei Monaten 60 € gekostet haben.
Entscheide, ob die Stiefel nun genauso viel kosten. 5

6. In der Fabrik Kunterbunt werden Pullover hergestellt. Aus der Produktion werden 200 Stück auf ihre Qualität hin überprüft. $\frac{3}{4}$ der Pullover können ohne Beanstandung an die Bekleidungsgeschäfte ausgeliefert werden, fünf Pullover sind aufgrund von Löchern unbrauchbar, der Rest wird überarbeitet.
Bestimme die relative Häufigkeit der Pullover 4
(1) die unbrauchbar sind,
(2) die überarbeitet werden müssen.

Hinweise und Tipps

1. a) Wandle die Größen um oder kürze die Bruchteile.

   b) Zerlege die Geschenkoberseite in 64 gleich große Dreiecke und zähle die grauen ab.

   c) Definition angeben.

2. a) Beachte beim Ablesen der Zahlen die verwendete Einheit.

   b) Beachte die Größenverhältnisse bei Dezimalstellen.

   c) Rundungsregeln verwenden.

3. a) Erweitere die Brüche auf den gemeinsamen Nenner 36 und vergleiche.

   b) Definition angeben.

   c) Erweitere auf 100 bzw. 1 000, kürze den dritten Bruch zuerst.

4. a) Erschließe Dauer der Radtour aus der Rundungsregel.

   b) Länge des Stabs über der Erde berechnen.

5. Erhöhe den Preis um 15 %. Verringere anschließend den neuen Preis um 15 %.

6. Berechne die Anzahlen und bestimme daraus die relativen Häufigkeiten.

Lösung

1. a) ⏱ 4 Minuten, 🌐 / 🌐🌐

    (1) $\dfrac{3}{11}$ von 2 h 1 min = $\dfrac{3}{11}$ von 121 min = 33 min

    (2) $\dfrac{26}{39} = \dfrac{2}{3}$ von 9 kg = 6 kg

    (3) $\dfrac{9}{13}$ von 5 h 38 min = $\dfrac{9}{13}$ von 338 min = 9 · 26 min = 234 min
    = 3 h 54 min

    (4) $\dfrac{76}{57} = \dfrac{4}{3}$ von 12 kg = 16 kg

   b) ⏱ 2 Minuten, 🌐
    Die Geschenkoberseite ist ein Rechteck, das in 32 Quadrate und damit in 64 gleich große Dreiecke zerlegt werden kann. Von diesen Dreiecken bemalt Isabel 24 mit roter Farbe.
    Als Bruchteil: $\dfrac{24}{64} = \dfrac{3}{8}$

   c) ⏱ 2 Minuten, 🌐
    Erweitern eines Bruchs heißt, Zähler und Nenner mit der gleichen Zahl ($\neq 0$) zu multiplizieren.
    Mit Platzhaltern: $\dfrac{a}{b} = \dfrac{a \cdot c}{b \cdot c}$ mit b, c $\neq$ 0

2. a) ⏱ 2 Minuten, 🌐
    Es sind markiert: $x = 2{,}2 = 2\dfrac{1}{5}$
    $y = 3{,}75 = 3\dfrac{3}{4}$

   b) ⏱ 3 Minuten, 🌐 / 🌐🌐
    0,000531 < 0,005031 < 0,005301 < 0,005310

   c) ⏱ 2 Minuten, 🌐
    (1) 0,005999 ≈ 0,01
    (2) 18,4995 ≈ 18,500

3. a) ⏱ 5 Minuten,

Mama Kaiser: $\dfrac{5}{18} = \dfrac{10}{36}$

Papa Kaiser: $\dfrac{1}{4} = \dfrac{9}{36}$

Sohn David: $\dfrac{3}{12} = \dfrac{9}{36}$

Tocher Luise: $\dfrac{2}{9} = \dfrac{8}{36}$

$\Rightarrow \dfrac{2}{9} < \dfrac{1}{4} = \dfrac{3}{12} < \dfrac{5}{18}$

Mama Kaiser isst das größte und Tochter Luise das kleinste Stück.

b) ⏱ 2 Minuten,

Ein Bruch $\dfrac{Z}{N}$ heißt echter Bruch, wenn $Z < N$ gilt.

c) ⏱ 4 Minuten,

(1) $5\dfrac{13}{20} = 5\dfrac{65}{100} = 5{,}65$

(2) $\dfrac{37}{250} = \dfrac{148}{1\,000} = 0{,}148$

(3) $\dfrac{63}{225} = \dfrac{7}{25} = \dfrac{28}{100} = 0{,}28$

4. a) ⏱ 2 Minuten,

Die Radtour dauerte zwischen 3,5 h und 4,5 h, wobei gilt:
3 h 30 min ≤ Dauer der Radtour < 4 h 30 min

b) ⏱ 4 Minuten,

Über der Erde: $\dfrac{1}{3} \mathrel{\hat=} 20\,\text{cm}$

Länge über der Erde: 60 cm

Damit ergibt sich eine Gesamtlänge von
60 cm + 80 cm = 140 cm = 1 m 40 cm.

5. 🕐 8 Minuten, 🧠🔍🧠

15 % von 60 € = $\frac{15}{100}$ von 60 € = (60 € : 100) · 15 = 0,6 € · 15 = 9 €

Die Stiefel kosten nach der Preiserhöhung 60 € + 9 € = 69 €.

15 % von 69 € = $\frac{15}{100}$ von 69 € = (69 € : 100) · 15 = 0,69 € · 15 = 10,35 €

Die Stiefel kosten jetzt 69 € − 10,35 € = 58,65 €.
Sie sind jetzt billiger.

6. 🕐 5 Minuten, 🧠🔍

$\frac{3}{4}$ von 200 Pullover = 150 Pullover ohne Beanstandungen

Da 5 Pullover unbrauchbar sind, gibt es 200 − 150 − 5 = 45 Stück zum Überarbeiten. Es folgt:

(1) $h_1 = \frac{5}{200} = \frac{1}{40}$

(2) $h_2 = \frac{45}{200} = \frac{9}{40}$

Schulaufgaben zum Themenbereich 2
Rechnen mit nicht-negativen rationalen Zahlen

Schulaufgabe 5

BE

1. a) Berechne:

$$\frac{15}{14} - \frac{4}{14} + 30 : (92 - 78) - (57 - 19) : 28 =$$ 3

b) Bestimme alle $x \in \mathbb{N}$, für die folgende Ungleichung gilt:

$$\frac{3}{5} < \frac{4}{x} < \frac{5}{3}$$ 3

c) Berechne:

$$1 + \frac{1}{10} + \frac{1}{100} + \frac{1}{1\,000} =$$ 3

2. a) Pia möchte für ihre sechs Gäste einen Fruchtcocktail zubereiten. Dazu mischt sie $\frac{4}{5}$ ℓ Kirschsaft, $\frac{1}{5}$ ℓ Mangosaft und $\frac{3}{5}$ ℓ Bananensaft. Wie viele Liter hat sie übrig, wenn sie jedem Gast $\frac{1}{5}$ ℓ einschenkt? 3

b) Berechne geschickt:

$$\left(7\frac{4}{5} - \frac{9}{8}\right) + \left(8\frac{3}{8} - 4\frac{1}{5}\right) =$$ 3

3. Fülle die Pyramiden aus:

a)
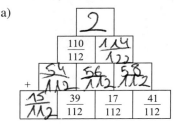

3

b)
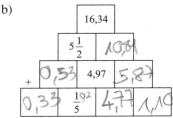

4

4. a) Carmen und Julian tragen gemeinsam Zeitungen aus. Julian läuft insgesamt 3 Touren. Auf der ersten verteilt er $\frac{4}{14}$, auf der zweiten $\frac{1}{7}$ und auf der dritten $\frac{1}{4}$ aller Zeitungen.
Berechne, wie viele Zeitungen Carmen auf ihrer einzigen Tour austrägt, wenn es insgesamt 672 Zeitungen sind. 4

b) Daniela ist $2\frac{1}{2}$ Jahre älter als Thomas. Hannah ist ein dreiviertel Jahr jünger als Danelia, während Thomas $9\frac{1}{6}$ Jahre älter ist als Xaver, der gerade $16\frac{1}{4}$ Jahre alt ist.
Ermittle das Alter jedes Einzelnen. 4

5. Ein (idealer) Würfel trägt auf drei Seiten die Ziffer 1 und auf drei Seiten die Ziffer 2. Wenn der Würfel dreimal hintereinander geworfen wird, entsteht eine dreistellige Zahl, z. B. 112.
Es werden sehr viele solcher Dreierwürfe ausgeführt, so dass alle möglichen dreistelligen Zahlen mit der gleichen Häufigkeit auftreten.
Wie groß ist die relative Häufigkeit der Zahlen mit genau einer Ziffer 1? 4

6. Timo und Kerstin rätseln, welche der folgenden Zahlen größer ist:
- $\frac{7}{8}$ vermindert um die Differenz aus 0,3 und $\frac{1}{5}$,
- die Differenz aus $\frac{10}{17}$ und $\frac{3}{34}$ vergrößert um $\frac{1}{4}$? 6

Hinweise und Tipps

1. a) Rechne erst die Klammern aus und schreibe die Division als Bruch.
   b) Da die Variable x im Nenner steht, muss man gleiche Zähler, z. B. 60, herstellen und dann die Nenner vergleichen. Größenbeziehung beachten!
   c) Bringe die Summe auf den Nenner 1 000.

2. a) Addiere die einzelnen Liter-Zahlen und ziehe von der Summe $6 \cdot \frac{1}{5}$ ℓ ab.
   b) Lasse die Klammern weg und fasse zuerst die Fünftel und die Achtel zusammen.

3. a) Addiere die gleichnamigen Brüche von unten nach oben.
   b) Rechne die Brüche in Dezimalzahlen um.

4. a) Berechne den Anteil an Zeitungen, den Julian trägt. Schließe darüber auf die Zeitungsanzahl, die Carmen verteilt.
   b) Beginne deine Berechnungen mit Thomas. Addiere die Brüche geschickt.

5. Alle acht Möglichkeiten finden und dann die mit einer Ziffer 1 aufschreiben. Relative Häufigkeit bestimmen.

6. Berechne beide Zahlen und vergleiche sie.

Lösung

1. a) 🕐 3 Minuten, 📖

$$\frac{15}{14} - \frac{4}{14} + 30 : (92 - 78) - (57 - 19) : 28 =$$

$$= \frac{11}{14} + 30 : 14 - 38 : 28 \qquad \qquad 1$$

$$= \frac{11}{14} + \frac{30}{14} - \frac{38}{28} \qquad \qquad 1$$

$$= \frac{11}{14} + \frac{30}{14} - \frac{19}{14} = \frac{22}{14} = \frac{11}{7} = 1\frac{4}{7} \qquad 1$$

b) 🕐 4 Minuten, 📖📖 / 📖📖📖
Zähler gleichnamig machen:

$$\frac{3}{5} < \frac{4}{x} < \frac{5}{3} \quad \Rightarrow \quad \frac{60}{100} \leq \frac{60}{15 \cdot x} \leq \frac{60}{36} \qquad 1$$

Damit folgt: $36 \leq 15 \cdot x \leq 100 \quad \Rightarrow \quad x \in \{3, 4, 5, 6\}$ \qquad 2

c) 🕐 3 Minuten, 📖

$$1 + \frac{1}{10} + \frac{1}{100} + \frac{1}{1\,000} = \frac{1\,000 + 100 + 10 + 1}{1\,000} = \frac{1111}{1\,000} = 1\frac{111}{1\,000} = 1{,}111 \qquad 3$$

2. a) 🕐 3 Minuten, 📖📖
Der Fruchtcocktail besteht aus $\frac{4}{5}\ell + \frac{1}{5}\ell + \frac{3}{5}\ell = \frac{8}{5}\ell$ Saft. \qquad 1

Den Gästen schenkt sie insgesamt $6 \cdot \frac{1}{5}\ell = \frac{6}{5}\ell$ ein. \qquad 1

Es bleiben noch $\frac{8}{5}\ell - \frac{6}{5}\ell = \frac{2}{5}\ell$ übrig. \qquad 1

b) 🕐 4 Minuten, 📖 / 📖📖

$$\left(7\frac{4}{5} - \frac{9}{8}\right) + \left(8\frac{3}{8} - 4\frac{1}{5}\right) = 7\frac{4}{5} - 4\frac{1}{5} + 8\frac{3}{8} - \frac{9}{8} \qquad 1$$

$$= 3\frac{3}{5} + 7\frac{1}{4} = 3\frac{12}{20} + 7\frac{5}{20} = 10\frac{17}{20} \qquad 2$$

3. a) ⏱ 4 Minuten,

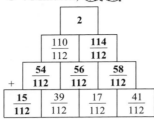

b) ⏱ 6 Minuten,

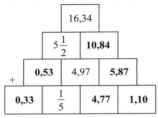

4. a) ⏱ 4 Minuten,
Julian trägt
$$\frac{4}{14}+\frac{1}{7}+\frac{1}{4}=\frac{8}{28}+\frac{4}{28}+\frac{7}{28}=\frac{19}{28}$$
der 672 Zeitungen aus. Damit verteilt Carmen also $\frac{9}{28}$ der Zeitungen, das sind $\frac{9}{28}$ von $672 = (672 : 28) \cdot 9 = 24 \cdot 9 = 216$ Zeitungen.

b) ⏱ 5 Minuten,
Xaver ist $16\frac{1}{4}$ Jahre, also 16 Jahre und 3 Monate alt.
$$16\frac{1}{4}+9\frac{1}{6}=16\frac{3}{12}+9\frac{2}{12}=25\frac{5}{12}$$
Thomas ist 25 Jahre und 5 Monate alt.
$$25\frac{5}{12}+2\frac{1}{2}=25\frac{5}{12}+2\frac{6}{12}=27\frac{11}{12}$$
Daniela ist 27 Jahre und 11 Monate alt.
$$27\frac{11}{12}-\frac{3}{4}=27\frac{11}{12}-\frac{9}{12}=27\frac{2}{12}$$
Hannah ist 27 Jahre und 2 Monate alt.

5. 🕐 3 Minuten,
Da an jeder Stelle der Zahl zwei Ziffern (entweder die 1 oder die 2) stehen können, gibt es $2 \cdot 2 \cdot 2 = 8$ Möglichkeiten. 2
Davon besitzen die drei Zahlen 122, 212, 221 genau eine 1.
$\Rightarrow$ relative Häufigkeit $= \dfrac{3}{8}$ 2

6. 🕐 6 Minuten,
1. Zahl:
$$\frac{7}{8} - \left(0{,}3 - \frac{1}{5}\right) = \frac{7}{8} - \left(\frac{3}{10} - \frac{1}{5}\right) = \frac{7}{8} - \left(\frac{3}{10} - \frac{2}{10}\right) = \frac{7}{8} - \frac{1}{10} = \frac{35}{40} - \frac{4}{40} = \frac{31}{40}$$ 3

2. Zahl:
$$\left(\frac{10}{17} - \frac{3}{34}\right) + \frac{1}{4} = \left(\frac{20}{34} - \frac{3}{34}\right) + \frac{1}{4} = \frac{17}{34} + \frac{1}{4} = \frac{1}{2} + \frac{1}{4} = \frac{2}{4} + \frac{1}{4} = \frac{3}{4}$$ 2

$\dfrac{3}{4} = \dfrac{30}{40} < \dfrac{31}{40}$ 1

Die 1. Zahl ist größer.

Schulaufgabe 6

BE

1. Im nebenstehenden Rechenbaum wird paarweise von oben nach unten multipliziert. Ergänze die freien Felder.

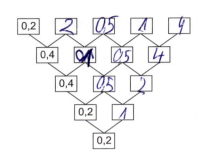

3

2. Berechne:

   a) $\dfrac{1}{3} - \dfrac{1}{4} \cdot \dfrac{1}{5} + \dfrac{1}{6} =$ 3

   b) $\left(\dfrac{1}{3} - \dfrac{1}{4}\right) \cdot \left(\dfrac{1}{5} + \dfrac{1}{6}\right) =$ 3

   c) $\dfrac{1}{3} - \left(\dfrac{1}{4} \cdot \dfrac{1}{5} + \dfrac{1}{6}\right) =$ 3

3. a) Manuel hat $\dfrac{1}{5}$ seines Taschengeldes in Höhe von 40 € dabei. Davon gibt er $\dfrac{7}{8}$ für Süßigkeiten aus. Berechne, wie viel die Süßigkeiten kosten.   2

   b) Berechne den Wert des folgenden Doppelbruchs:

   $$\dfrac{\dfrac{4}{5} - \dfrac{4}{5} : 2\dfrac{2}{3} + 4\dfrac{1}{2}}{2\dfrac{2}{3} \cdot \left(5\dfrac{1}{6} - 2\dfrac{2}{3}\right) + \dfrac{1}{3}} =$$ 6

4. a) Ermittle, welche Zahl man von der Summe der Zahlen $2\dfrac{4}{15}$ und $\dfrac{5}{6}$ subtrahieren muss, um das Produkt dieser Zahlen zu erhalten.   4

   b) Gib an, welche Zahl auf dem Zahlenstrahl in der Mitte zwischen den Zahlen $2\dfrac{1}{4}$ und $2\dfrac{2}{5}$ liegt.   3

5. Die Zeugnisnoten der Schüler der Klasse 6 b in Mathematik hatten die folgende Verteilung:

Note	1	2	3	4	5	6
Anzahl	3	7	6	9	0	0

Bestimme die relative Häufigkeit der auftretenden Noten, zeichne ein Säulendiagramm und berechne den Notendurchschnitt. 6

6. Frau Meier erbt einen Geldbetrag. $\frac{2}{3}$ des Geldes zahlt sie auf ihr Sparbuch ein und $\frac{1}{5}$ schenkt sie ihrer Tochter. In einem Katalog sieht sie für ihren Sohn einen schönen Wintermantel, der $\frac{2}{15}$ des restlichen Geldes kostet. Auf dem Preisschild steht 160 €.

a) Bestimme, wie viel Geld Frau Meier erbt. 4
b) Mache für den Preis des Mantels die Probe. 3

Hinweise und Tipps

1. Fülle die Kästchen Schritt für Schritt aus.
   Beachte dabei: Division als Umkehrung der Multiplikation.

2. a) Führe Punktrechnung vor Strichrechnung aus.

   b) Rechne zuerst die Klammern aus.

   c) Zuerst die Klammer ausrechnen, in der Punktrechnung vor Strichrechnung gilt.

3. a) Rechne $\frac{7}{8}$ von $\frac{1}{5}$ von 40 € aus.

   b) Löse den Doppelbruch als Quotienten aus Zähler und Nenner auf und rechne Schritt für Schritt aus.

4. a) Rechne die Summe und das Produkt der beiden Zahlen einzeln aus. Ziehe dann das Produkt von der Summe ab.

   b) Die beiden Brüche auf einen gemeinsamen Nenner so erweitern, dass beide Zähler gerade Zahlen sind. Dann die Mitte ablesen.

5. Bestimme die Anzahl n = 25 der Schüler und berechne die relativen Häufigkeiten. Zeichne das Säulendiagramm und bestimme den Notendurchschnitt als Quotient aus der Summe aller Noten und der Schülerzahl.

6. a) Bestimme den Preis für den Mantel als Anteil vom restlichen Geld und berechne darüber das restliche Geld. Berechne das restliche Geld dann als Anteil vom Erbe und schließe auf die Höhe des Erbes.

   b) Ziehe vom Erbe die angegeben Beträge ab und prüfe das restliche Geld sowie den Preis für den Mantel.

Lösung

BE

1. 🕐 4 Minuten, 🧠

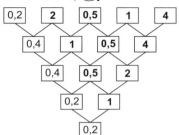

3

2. a) 🕐 3 Minuten, 🧠 / 🧠🧠

$$\frac{1}{3} - \frac{1}{4} \cdot \frac{1}{5} + \frac{1}{6} = \frac{1}{3} - \frac{1}{20} + \frac{1}{6} = \frac{20 - 3 + 10}{60} = \frac{27}{60} = \frac{9}{20}$$

3

b) 🕐 3 Minuten, 🧠 / 🧠🧠

$$\left(\frac{1}{3} - \frac{1}{4}\right) \cdot \left(\frac{1}{5} + \frac{1}{6}\right) = \frac{4-3}{12} \cdot \frac{6+5}{30} = \frac{1}{12} \cdot \frac{11}{30} = \frac{11}{360}$$

3

c) 🕐 3 Minuten, 🧠 / 🧠🧠

$$\frac{1}{3} - \left(\frac{1}{4} \cdot \frac{1}{5} + \frac{1}{6}\right) = \frac{1}{3} - \left(\frac{1}{20} + \frac{1}{6}\right) = \frac{20}{60} - \left(\frac{3}{60} + \frac{10}{60}\right) = \frac{20}{60} - \frac{13}{60} = \frac{7}{60}$$

3

3. a) 🕐 3 Minuten, 🧠 / 🧠🧠

$$\frac{7}{8} \cdot \frac{1}{5} \cdot 40\,€ = \frac{7}{8 \cdot 5} \cdot 40\,€ = \frac{7}{40} \cdot \frac{40}{1}\,€ = 7\,€$$

Die Süßigkeiten kosten 7 €.

2

b) 🕐 6 Minuten, 🧠🧠 / 🧠🧠🧠

$$\frac{\frac{4}{5} - \frac{4}{5} : 2\frac{2}{3} + 4\frac{1}{2}}{2\frac{2}{3} \cdot \left(5\frac{1}{6} - 2\frac{2}{3}\right) + \frac{1}{3}} = \left(\frac{4}{5} - \frac{4 \cdot 3}{5 \cdot 8} + 4\frac{1}{2}\right) : \left[\frac{8}{3} \cdot \left(4\frac{7}{6} - 2\frac{4}{6}\right) + \frac{1}{3}\right]$$

2

$$= \left(\frac{4}{5} - \frac{3}{10} + 4\frac{1}{2}\right) : \left(\frac{8 \cdot 5}{3 \cdot 2} + \frac{1}{3}\right) = \frac{8 - 3 + 45}{10} : \left(\frac{20}{3} + \frac{1}{3}\right) = 5 : 7 = \frac{5}{7}$$

4

4. a) 🕐 5 Minuten, 🎲🎲

Summe: $2\frac{4}{15}+\frac{5}{6}=2\frac{8}{30}+\frac{25}{30}=2\frac{33}{30}=3\frac{1}{10}$

Produkt: $2\frac{4}{15}\cdot\frac{5}{6}=\frac{34}{15}\cdot\frac{5}{6}=\frac{34\cdot 5}{15\cdot 6}=\frac{17}{9}$

$3\frac{1}{10}-\frac{17}{9}=\frac{279-170}{90}=\frac{109}{90}=1\frac{19}{90}$

Die gesuchte Zahl hat den Wert $1\frac{19}{90}$.

b) 🕐 3 Minuten, 🎲

$2\frac{1}{4}=2\frac{5}{20}=2\frac{10}{40}$

$2\frac{2}{5}=2\frac{8}{20}=2\frac{16}{40}$

$\Rightarrow$ Mitte: $2\frac{13}{40}$

5. 🕐 7 Minuten, 🎲 / 🎲🎲

Note	1	2	3	4	5	6
Anzahl	3	7	6	9	0	0
relative Häufigkeit	$\frac{3}{25}$	$\frac{7}{25}$	$\frac{6}{25}$	$\frac{9}{25}$	0	0

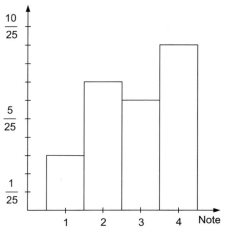

Notendurchschnitt: $(3\cdot 1+7\cdot 2+6\cdot 3+9\cdot 4):25=71:25=\frac{284}{100}=2,84$

6. a) ⏱ 5 Minuten, 🌐🌐🌐

$160\ € \mathrel{\hat=} \dfrac{2}{15}$

$80\ € \mathrel{\hat=} \dfrac{1}{15}$

Frau Meier hat noch $80\ € \cdot 15 = 1\,200\ €$ übrig.　　　　　1

$\dfrac{2}{3} + \dfrac{1}{5} = \dfrac{10+3}{15} = \dfrac{13}{15}$　　　　　1

$1\,200\ €$ entsprechen also $1 - \dfrac{13}{15} = \dfrac{2}{15}$ des Erbes.　　　　　1

$600\ €$ entsprechen damit $\dfrac{1}{15}$ des Erbes und Frau Meier erbte daher

$600\ € \cdot 15 = 9\,000\ €$.　　　　　1

b) ⏱ 3 Minuten, 🌐

$9\,000\ € - 9\,000\ € \cdot \dfrac{2}{3} - 9\,000\ € \cdot \dfrac{1}{5} = 9\,000\ € - \dfrac{1\,800}{3}\ € - \dfrac{9\,000}{5}\ €$

$= 9\,000\ € - 6\,000\ € - 1\,800\ € = 1\,200\ €$　　　　　2

$1\,200\ € \cdot \dfrac{2}{15} = \dfrac{2\,400\ €}{15} = 160\ €$　　　　　1

Schulaufgabe 7

BE

1. a) Dividiere zeilen- und spaltenweise.

$\frac{5}{6}$	2	$\frac{5}{12}$
$\frac{3}{4}$	1,2	$\frac{5}{8}$
$1\frac{1}{9}$	$1\frac{2}{3}$	

4

b) Ein Schüler schreibt aus Versehen 8,30 h statt 8 h 30 min.
Wie viele Minuten Differenz entstehen durch diesen Schreibfehler?

2

2. a) Bestimme $x \in \mathbb{N}$ so, dass gilt:
$$\frac{2}{3} + \frac{2}{21} = \frac{80}{x}$$

3

b) Bestimme die gebrochene Zahl mit dem Nenner 17, die größer als $\frac{1}{4}$ und kleiner als $\frac{1}{3}$ ist.

3

c) Welche Bruchzahlen x, y, z sind am Zahlenstrahl markiert?

3

3. a) Berechne:
$$3\frac{1}{3} \cdot \left(\frac{3}{4}\right)^2 - 1\frac{1}{12} + 4 : 2\frac{6}{7} + 8\frac{1}{3} \cdot 5\frac{2}{5} =$$

6

b) Überschlage zuerst und berechne dann exakt:
$$\left(12\frac{5}{6} + 8\frac{1}{4}\right) \cdot \left(3{,}1 - 1\frac{1}{5}\right) =$$

4

4. Aus einer Kiste mit 147 Äpfeln entnimmt Herr Koch $\frac{6}{7}$. Davon verwendet er $\frac{2}{9}$ zum Kuchen backen und den Rest für die Herstellung von Apfelmus.

a) Berechne, aus wie vielen Äpfeln die Kuchen bestehen.

2

b) Berechne, aus wie vielen Äpfeln Apfelmus hergestellt wird.

2

5. Ein Säulendiagramm für die Anzahlen beim Werfen eines verfälschten Würfels sieht wie in der untenstehenden Skizze aus.

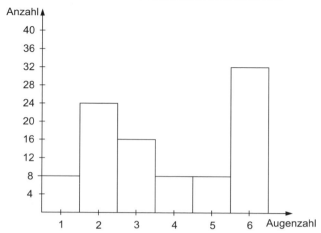

a) Bestimme die relativen Häufigkeiten der Augenzahlen. 4
b) Bestimme die relativen Häufigkeiten für 3
   (1) Augenzahl größer als 3,
   (2) Augenzahl ist Primzahl,
   (3) Augenzahl ist ungerade.

6. Jens kauft sich eine Schale Pflaumen und gibt seiner Schwester Lena die Hälfte ab. Als Nesthäkchen Lili nach Hause kommt, geben ihr Lena und Jens von ihrem Anteil jeweils ein Viertel ab. Für die Nachbarsfreundin Katharina legt Lili $\frac{2}{5}$ ihres Anteils zur Seite und Lena hebt für Katharina $\frac{1}{3}$ ihrer jetzigen Portion auf.
Berechne, welchen Anteil an Pflaumen nun jeder hat. 4

Hinweise und Tipps

1. a) Verwende $1{,}2 = \frac{6}{5}$ und rechne die vier Quotienten aus.

b) Wandle 8,3 h in h und min um und bestimme die Differenz zu 8 h 30 min.

2. a) Bilde die Summe und stelle den Zähler 80 her.

b) Viertel auf Sechzehntel und Drittel auf Achtzehntel erweitern und vergleichen.

c) Lies die Zahlen bei der Längeneinheit 8 cm ab.

3. a) Führe Punktrechnung vor Strichrechnung aus. Stelle zur Addition und zur Subtraktion gleiche Nenner her.

b) Rechne erst mit ganzen Zahlen. Schreibe dann 3,1 als Bruch und beachte die Klammern.

4. a) Berechne $\frac{2}{9}$ von $\frac{6}{7}$ von 147 Äpfeln. Schließe darüber auf die Apfelanzahl für die Kuchen.

b) Ziehe die erhaltene Anzahl aus a von $\frac{6}{7} \cdot 147$ ab.

5. a) Errechne die Anzahl n = 96 aus den Einzelwerten und gib die relative Häufigkeiten in Zwölftel an.

b) Addiere die jeweils zugehörigen relativen Häufigkeiten.

6. Rechne Schritt für Schritt die Anteile der einzelnen Personen aus. Kontrolliere dein Ergebnis durch eine Probe (die Summe aller Anteile muss 1 ergeben).

Lösung

1. a) 🕐 4 Minuten, 🌐.

$\dfrac{5}{6}$	2	$\dfrac{5}{12}$
$\dfrac{3}{4}$	$1{,}2 = \dfrac{6}{5}$	$\dfrac{5}{8}$
$\dfrac{10}{9} = 1\dfrac{1}{9}$	$\dfrac{5}{3} = 1\dfrac{2}{3}$	

b) 🕐 2 Minuten, 🌐.

$8{,}30\,\text{h} = 8\dfrac{3}{10}\,\text{h} = 8\,\text{h}\,18\,\text{min}$

Die Differenz zu 8 h 30 min beträgt 12 Minuten.

2. a) 🕐 4 Minuten, 🌐🌐.

Umformen der linken Seite ergibt: $\dfrac{2}{3} + \dfrac{2}{21} = \dfrac{14+2}{21} = \dfrac{16}{21} = \dfrac{80}{105}$

Damit folgt: $\dfrac{80}{105} = \dfrac{80}{x} \Rightarrow x = 105$

b) 🕐 3 Minuten, 🌐🌐 / 🌐🌐🌐.

$\dfrac{1}{4} < \dfrac{x}{17} < \dfrac{1}{3}$

$\dfrac{4}{16} < \dfrac{x}{17} < \dfrac{6}{18}$

Die gesuchte Zahl lautet: $\dfrac{5}{17}$

c) 🕐 3 Minuten, 🌐.

$x = \dfrac{2}{8} = \dfrac{1}{4}; \quad y = \dfrac{7}{16}; \quad z = \dfrac{9}{8} = 1\dfrac{1}{8}$

3. a) 🕐 6 Minuten,

$$3\frac{1}{3} \cdot \left(\frac{3}{4}\right)^2 - 1\frac{1}{12} + 4 : 2\frac{6}{7} + 8\frac{1}{3} \cdot 5\frac{2}{5}$$

$$= \frac{10 \cdot 3 \cdot 3}{3 \cdot 4 \cdot 4} - 1\frac{1}{12} + \frac{4 \cdot 7}{20} + \frac{25 \cdot 27}{3 \cdot 5}$$

$$= \frac{15}{8} - 1\frac{1}{12} + \frac{7}{5} + 45$$

$$= \frac{225 - 130 + 168}{120} + 45 = 45 + \frac{263}{120} = 47\frac{23}{120}$$

b) 🕐 4 Minuten,
Überschlag:
$(13 + 8) \cdot (3 - 1) = 21 \cdot 2 = 42$

Exakt:

$$\left(12\frac{5}{6} + 8\frac{1}{4}\right) \cdot \left(3\frac{1}{10} - 1\frac{1}{5}\right) = \left(12\frac{10}{12} + 8\frac{3}{12}\right) \cdot \left(2\frac{11}{10} - 1\frac{2}{10}\right) = 20\frac{13}{12} \cdot 1\frac{9}{10}$$

$$= \frac{253 \cdot 19}{12 \cdot 10} = \frac{4\,807}{120} = 40\frac{7}{120}$$

4. a) 🕐 2 Minuten,

$$147 \cdot \frac{6}{7} \cdot \frac{2}{9} = \frac{147 \cdot 6 \cdot 2}{7 \cdot 9} = \frac{21 \cdot 2 \cdot 2}{3} = 7 \cdot 2 \cdot 2 = 28$$

Die Kuchen enthalten zusammen 28 Äpfel.

b) 🕐 2 Minuten,

$$147 \cdot \frac{6}{7} - 28 = 21 \cdot 6 - 28 = 98$$

98 Äpfel werden zu Apfelmus verarbeitet.

5. a) 🕐 5 Minuten,
n = 8 + 24 + 16 + 8 + 8 + 32 = 96

Augenzahl	1	2	3	4	5	6
relative Häufigkeit	$\frac{1}{12}$	$\frac{3}{12}$	$\frac{2}{12}$	$\frac{1}{12}$	$\frac{1}{12}$	$\frac{4}{12}$

b) 🕐 3 Minuten, 🌐

(1) Augenzahl ist 4, 5 oder 6: $h_1 = \frac{1}{12} + \frac{1}{12} + \frac{4}{12} = \frac{6}{12} = \frac{1}{2}$ 　　1

(2) Augenzahl ist 2, 3 oder 5: $h_2 = \frac{3}{12} + \frac{2}{12} + \frac{1}{12} = \frac{6}{12} = \frac{1}{2}$ 　　1

(3) Augenzahl ist 1, 3 oder 5: $h_3 = \frac{1}{12} + \frac{2}{12} + \frac{1}{12} = \frac{4}{12} = \frac{1}{3}$ 　　1

6. 🕐 7 Minuten, 🌐🧠 / 🌐🧠🌐

Anfangs haben Jens und Lena jeweils die Hälfte der Pflaumen.

Jens gibt nur einmal ab: $\frac{1}{2} \cdot \frac{3}{4} = \frac{3}{8}$ 　　1

Lena gibt zweimal ab: $\frac{1}{2} \cdot \frac{3}{4} \cdot \frac{2}{3} = \frac{1}{4}$ 　　1

Lili bekommt von Jens und Lena und legt für Katharina zur Seite:

$\left(\frac{1}{2} \cdot \frac{1}{4} + \frac{1}{2} \cdot \frac{1}{4}\right) \cdot \frac{3}{5} = \frac{2}{8} \cdot \frac{3}{5} = \frac{3}{20}$ 　　1

Für Katharina wird aufgehoben:

$\underbrace{\frac{2}{8} \cdot \frac{2}{5}}_{\text{von Lili}} + \underbrace{\frac{1}{2} \cdot \frac{3}{4} \cdot \frac{1}{3}}_{\text{von Lena}} = \frac{1}{10} + \frac{1}{8} = \frac{4}{40} + \frac{5}{40} = \frac{9}{40}$ 　　1

Nach dem Verteilen der Pflaumen beträgt der Anteil von Jens $\frac{3}{8}$, der von Lena $\frac{1}{4}$, der von Lili $\frac{3}{20}$ und der von Katharina $\frac{9}{40}$.

Probe: $\frac{3}{8} + \frac{1}{4} + \frac{3}{20} + \frac{9}{40} = \frac{15 + 10 + 6 + 9}{40} = 1$

Schulaufgabe 8

BE

1. a) Berechne:

$$\left(1+\frac{1}{2}\right)\cdot\left(1+\frac{1}{3}\right)\cdot\left(1+\frac{1}{4}\right)\cdot\ldots\cdot\left(1+\frac{1}{100}\right)=$$

2

b) Verwandle jeweils in einen Dezimalbruch:

4

(1) $\dfrac{3}{40}=$

(2) $\dfrac{2}{11}=$

(3) $11:6=$

2. a) Fülle die fehlenden Felder im magischen Quadrat aus.

$\frac{8}{15}$	$\frac{1}{15}$	$\frac{2}{5}$
$\frac{1}{5}$	$\frac{1}{3}$	$\frac{7}{15}$
$\frac{4}{15}$	$\frac{3}{5}$	$\frac{2}{15}$

3

b) Berechne die Produkte der einzelnen Zeilen und die Quotienten der Zahlen in den beiden Diagonalen, wenn der erste Quotient dazu von links oben nach rechts unten und der zweite Quotient von rechts oben nach links unten gebildet werden.

5

3. Berechne:

a) $0,8:\dfrac{2}{5}+0,\overline{7}\cdot\dfrac{27}{5}-\dfrac{4}{25}:0,05=$

5

b) $\dfrac{8-5\frac{1}{2}}{\left(\frac{2}{3}\right)^{2}-\left(\frac{1}{3}\right)^{2}}=$

3

4. a) Der Flächeninhalt eines Rechtecks beträgt $3\frac{8}{9}$ m². Die eine Seite misst $1\frac{2}{3}$ m.
Berechne den Umfang des Rechtecks. 3

b) Beim Bobfahren werden die Zeiten auf Tausendstel Sekunden genau gemessen.
Welchen Weg legt ein Bob in 0,005 s zurück, wenn seine Geschwindigkeit 108 $\frac{km}{h}$ beträgt? 4

5. Zu Thorstens Geburtstag wird die Geburtstagstorte in 24 gleich große Stücke geteilt. Von seinen vier Freunden, die er eingeladen hat, verzehrt Andy $\frac{1}{8}$, Benedikt $\frac{1}{4}$, Christian $\frac{3}{16}$ und Daniel $\frac{5}{48}$ der Torte. Er selbst isst zwei Stücke.
Ermittle die Anzahl der Stücke der Geburtstagstorte, die übrig bleiben. 5

6. Florian hat im Lotto gewonnen. Von seinem Gewinn will er $\frac{4}{7}$ zur Bank bringen und sparen. Vom Rest möchte er $\frac{4}{9}$ seiner Schwester schenken. Das restliche Geld nimmt Florian für eigene Anschaffungen her.

a) Welchen Anteil des Gewinns gibt Florian für sich aus? Rechne diesen Anteil mit einem Gesamtansatz aus. 4

b) Berechne die Höhe des Gewinns, wenn er seiner Schwester 4 000 € zugedacht hat. 2

Hinweise und Tipps

1. a) Schreibe die einzelnen Klammern jeweils als unechten Bruch und kürze geschickt.

   b) Brüche durch Erweitern bzw. Ausführung der Division in Dezimalbrüche umwandeln.

2. a) Im magischen Quadrat ist die Summe der Zeilen, der Spalten und der beiden Diagonalen jeweils 1.

   b) Achte bei der Berechnung der Quotienten auf die Reihenfolge.

3. a) Wandle alle Dezimalbrüche in Brüche um und führe Punktrechnung vor Strichrechnung aus.

   b) Schreibe den Doppelbruch als Quotient aus Zähler und Nenner und rechne dann aus.

4. a) Seite b aus $A = a \cdot b \Rightarrow b = A : a$ und dann $u = 2 \cdot (a+b)$ berechnen.

   b) Wandle $\frac{km}{h}$ in $\frac{m}{s}$ um und multipliziere die Maßzahl mit 0,005.

5. Ansatz $24 - \left(\frac{1}{8} + \frac{1}{4} + \frac{3}{16} + \frac{5}{48}\right) \cdot 24 - 2 = \ldots$ finden und Stückzahl ausrechnen.

6. a) Finde den Ansatz $\left(1 - \frac{4}{7}\right) - \frac{4}{9} \cdot \left(1 - \frac{4}{7}\right) = \ldots$ und rechne den Bruchteil aus.

   b) Setze den Bruchteil $\frac{4}{21}$ der Schwester gleich 4 000 €.

Lösung

1. a) ⏱ 2 Minuten, 🎲🎲

$$\left(1+\frac{1}{2}\right)\cdot\left(1+\frac{1}{3}\right)\cdot\left(1+\frac{1}{4}\right)\cdot\ldots\cdot\left(1+\frac{1}{100}\right)$$
$$=\frac{3}{2}\cdot\frac{4}{3}\cdot\frac{5}{4}\cdot\ldots\cdot\frac{100}{99}\cdot\frac{101}{100}=\frac{101}{2}=50\frac{1}{2}$$

   2

   b) ⏱ 5 Minuten, 🎲 / 🎲🎲

   (1) $\frac{3}{40}=\frac{75}{1\,000}=0,075$

   1

   (2) $2:11=0,\overline{18}$

   0
   $\overline{20}$
   -11
   $\overline{90}$
   -88
   $\overline{20}$
   $\vdots$

   1

   (3) $11:6=1,8\overline{3}$

   -6
   $\overline{50}$
   -48
   $\overline{20}$
   -18
   $\overline{2}$
   $\vdots$

   2

2. a) ⏱ 3 Minuten, 🎲🎲

$\frac{8}{15}$	$\frac{1}{15}$	$\frac{2}{5}$
$\frac{1}{5}$	$\frac{1}{3}$	$\frac{7}{15}$
$\frac{4}{15}$	$\frac{3}{5}$	$\frac{2}{15}$

3

b) 🕐 4 Minuten, 🎲🎲.

$$\frac{8}{15} \cdot \frac{1}{15} \cdot \frac{2}{5} = \frac{16}{1125}$$ 1

$$\frac{1}{5} \cdot \frac{1}{3} \cdot \frac{7}{15} = \frac{7}{225}$$ 1

$$\frac{4}{15} \cdot \frac{3}{5} \cdot \frac{2}{15} = \frac{8}{375}$$ 1

$$\frac{8}{15} : \frac{1}{3} : \frac{2}{15} = \frac{8}{15} \cdot \frac{3}{1} \cdot \frac{15}{2} = \frac{24}{15} \cdot \frac{15}{2} = \frac{24}{2} = 12$$ 1

$$\frac{2}{5} : \frac{1}{3} : \frac{4}{15} = \frac{2}{5} \cdot \frac{3}{1} \cdot \frac{15}{4} = \frac{6}{5} \cdot \frac{15}{4} = \frac{6 \cdot 3}{4} = \frac{18}{4} = 4\frac{1}{2}$$ 1

3. a) 🕐 6 Minuten, 🎲🎲 / 🎲🎲🎲.

$$0{,}8 : \frac{2}{5} + 0{,}\overline{7} \cdot \frac{27}{5} - \frac{4}{25} : 0{,}05 =$$

$$= \frac{4 \cdot 5}{5 \cdot 2} + \frac{7 \cdot 27}{9 \cdot 5} - \frac{4 \cdot 100}{25 \cdot 5}$$ 3

$$= 2 + \frac{21}{5} - \frac{16}{5} = 3$$ 2

b) 🕐 4 Minuten, 🎲🎲.

$$\frac{8 - 5\frac{1}{2}}{\left(\frac{2}{3}\right)^2 - \left(\frac{1}{3}\right)^2} = \left(8 - 5\frac{1}{2}\right) : \left[\left(\frac{2}{3}\right)^2 - \left(\frac{1}{3}\right)^2\right] = \frac{5}{2} : \left[\frac{4}{9} - \frac{1}{9}\right] = \frac{5}{2} : \frac{1}{3}$$ 2

$$= \frac{15}{2} = 7\frac{1}{2}$$ 1

4. a) 🕐 3 Minuten, 🎲.
Es wird in m und m² gerechnet sowie A = a · b verwendet.

$$b = A : a = 3\frac{8}{9} : 1\frac{2}{3} = \frac{35 \cdot 3}{9 \cdot 5} = \frac{7}{3} = 2\frac{1}{3}$$ 1

$$u = 2 \cdot (a + b) = 2 \cdot \left(1\frac{2}{3} + 2\frac{1}{3}\right) = 8$$ 2

Der Umfang beträgt 8 m.

b) 🕐 4 Minuten, 🌐

$$108 \frac{\text{km}}{\text{h}} = 108 \frac{1\,000\,\text{m}}{3\,600\,\text{s}} = 30 \frac{\text{m}}{\text{s}}$$

Es werden also 30 m in 1 s gefahren. In 0,005 s sind das damit:

$$30 \frac{\text{m}}{\text{s}} \cdot 0,005\,\text{s} = 0,15\,\text{m} = 15\,\text{cm}$$

Der Bob legt in 0,005 s die Strecke 15 cm zurück.

5. 🕐 5 Minuten, 🌐🌐

$$24 - \left(\frac{1}{8} + \frac{1}{4} + \frac{3}{16} + \frac{5}{48}\right) \cdot 24 - 2 =$$

$$= 24 - \frac{6+12+9+5}{48} \cdot 24 - 2$$

$$= 24 - 16 - 2 = 6$$

Es bleiben sechs Stücke Torte übrig.

6. a) 🕐 5 Minuten, 🌐🌐 / 🌐🌐🌐

$$\left(1 - \frac{4}{7}\right) - \frac{4}{9} \cdot \left(1 - \frac{4}{7}\right) = \frac{3}{7} - \frac{4 \cdot 3}{9 \cdot 7} = \frac{3}{7} - \frac{4}{21} = \frac{9}{21} - \frac{4}{21} = \frac{5}{21}$$

$\frac{5}{21}$ des Gewinns nimmt Florian für eigene Anschaffungen her.

b) 🕐 4 Minuten, 🌐🌐

Nach dem Aufgabentext erhält die Schwester $\frac{3}{7} \cdot \frac{4}{9} = \frac{4}{21}$ des Gewinns.

$$\frac{4}{21} \triangleq 4\,000\,\text{€}$$

$$\frac{1}{21} \triangleq 1\,000\,\text{€}$$

Der Gewinn von Florian beträgt 21 · 1 000 € = 21 000 €.

Schulaufgaben zum Themenbereich 3
Flächen- und Rauminhalt

Schulaufgabe 9

BE

1. Berechne:

   a) $\left(7\dfrac{1}{14} \cdot 21\right) : 33 =$ 2

   b) $76{,}7 \cdot 30{,}6 + 30{,}6 \cdot 23{,}3 =$ 2

   c) $\left[\left(3\dfrac{1}{2}\right)^2 : 6\dfrac{1}{8}\right] : \left[\left(1\dfrac{1}{2}\right)^2 - 4\dfrac{1}{3} : 2\dfrac{1}{6}\right] =$ 4

2. a) Verwandle in die in Klammern angegebene Einheit: 4
   (1) 7,15 ℓ (in cm³)
   (2) 15 m³ (in hℓ)
   (3) $\dfrac{1}{250}$ m³ (in ℓ)
   (4) 8,3 m³ (in dm³)

   b) Berechne und achte auf die Einheiten:
   $(2{,}3\,\text{m} - 8\,\text{dm}) \cdot (8\,\text{m} : 2) \cdot 18\,\text{dm} =$ 2

3. Trage die Punkte A(0|0), B(2|0), C(4|2), D(2|5) und E(0|3) (Maßeinheit 1 cm) in ein Koordinatensystem und verbinde sie zum Fünfeck ABCDE.

   a) Berechne den Flächeninhalt des Fünfecks ABCDE. 6

   b) Wie kann man die Ecke C verschieben, ohne dass sich der Flächeninhalt der Figur ändert? 2

4. a) Berechne den Flächeninhalt der unten stehenden Figur (Maße in cm). 5

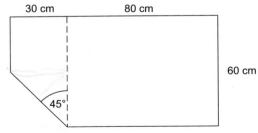

b) Ein Parallelogramm hat den Flächeninhalt 56 cm² und eine Höhe von 8 cm.
Berechne die Seitenlängen des Parallelogramms, wenn es einen Umfang von 31 cm besitzt. 4

5. Oliver zeichnet auf ein Blatt Papier nebeneinander gleichseitige Dreiecke und Quadrate. Die Dreiecke und die Quadrate haben zusammen 25 Eckpunkte.
Bestimme, wie viele Quadrate gezeichnet wurden. 4

6. Unter dem Querprodukt einer Zahl versteht man das Produkt aus ihren Ziffern.
Bestimme die größte vierstellige Zahl, deren Querprodukt 252 beträgt. 5

Hinweise und Tipps

1. a) Schreibe die Aufgabe auf einen Bruchstrich und kürze dann.
   b) Wende das Distributivgesetz an.
   c) Klammern Schritt für Schritt ausrechnen und Quotienten bilden.

2. a) Verwende die Umwandlungszahlen bei Raumeinheiten.
   b) Rechne in dm und beachte, dass das Ergebnis die Dimension dm^3 besitzt.

3. a) Zeichne Koordinatensystem und Fünfeck. Zerlege das Fünfeck in das Trapez ABDE und in das Dreieck BCD und bilde die Summe der Flächeninhalte.
   b) Verschiebe C so, dass die Höhe von C auf die Seite [BD] gleich groß bleibt.

4. a) Erkenne, dass der 45°-Winkel auf ein gleichschenkliges rechtwinkliges Dreieck führt. Berechne die Gesamtfläche aus Rechteck-, Quadrat- und Dreiecksfläche.
   b) Verwende die Flächenformel für das Parallelogramm sowie die Formel für den Umfang.

5. Auf die Gleichung $3 \cdot x + 4 \cdot y = 25$ kommen, für y die Werte der Reihe nach einsetzen und überprüfen, welche x-Werte passen.

6. Zerlege die Zahl 252 in Primfaktoren. Stelle dann aus diesen Primfaktoren Produkte mit vier Zahlen her und suche die größte aus.

Lösung

BE

1. a) ⏱ 2 Minuten,

$$\left(7\frac{1}{14} \cdot 21\right) : 33 = \frac{99 \cdot 21}{14 \cdot 33} = \frac{3 \cdot 3}{2 \cdot 1} = \frac{9}{2} = 4\frac{1}{2}$$ 2

b) ⏱ 2 Minuten,
$$76,7 \cdot 30,6 + 30,6 \cdot 23,3 = 30,6 \cdot (76,7 + 23,3) = 30,6 \cdot 100 = 3\,060$$ 2

c) ⏱ 5 Minuten,

$$\left[\left(3\frac{1}{2}\right)^2 : 6\frac{1}{8}\right] : \left[\left(1\frac{1}{2}\right)^2 - 4\frac{1}{3} : 2\frac{1}{6}\right] = \left[\frac{7 \cdot 7 \cdot 8}{2 \cdot 2 \cdot 49}\right] : \left[\frac{9}{4} - \frac{13 \cdot 6}{3 \cdot 13}\right] =$$ 2

$$= 2 : \left[\frac{9}{4} - 2\right] = 2 : \frac{1}{4} = 8$$ 2

2. a) ⏱ 4 Minuten,
 (1) $7,15\ \ell = 7,15\ dm^3 = 7\,150\ cm^3$ 1
 (2) $15\ m^3 = 15\,000\ dm^3 = 15\,000\ \ell = 150\ h\ell$ 1
 (3) $\frac{1}{250}\ m^3 = \frac{1\,000}{250}\ dm^3 = 4\ dm^3 = 4\ \ell$ 1
 (4) $8,3\ m^3 = 8\,300\ dm^3$ 1

b) ⏱ 3 Minuten,
$$(2,3\ m - 8\ dm) \cdot (8\ m : 2) \cdot 18\ dm =$$
$$= (23\ dm - 8\ dm) \cdot (80\ dm : 2) \cdot 18\ dm$$ 1
$$= 15\ dm \cdot 40\ dm \cdot 18\ dm$$ 1
$$= 10\,800\ dm^3 = 10\ m^3\ 800\ dm^3$$

3. a) ⏲ 6 Minuten, 📖🔍

Das Fünfeck wird in das Trapez ABDE und in das Dreieck BCD zerlegt.
Es gilt:
$A_{ges} = A_{Tr} + A_{Dr}$
$= \dfrac{3+5}{2} \cdot 2 \text{ cm}^2 + \dfrac{1}{2} \cdot 5 \cdot 2 \text{ cm}^2$
$= 8 \text{ cm}^2 + 5 \text{ cm}^2 = 13 \text{ cm}^2$

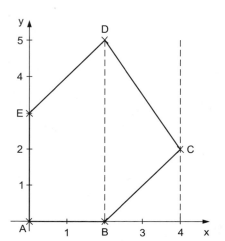

b) ⏲ 3 Minuten, 📖🔍 / 📖🔍📖.
C kann auf einer Parallelen zur y-Achse mit dem x-Wert 4 verschoben werden. Dann bleiben die Grundlinie $g = \overline{BD} = 5$ cm des Dreiecks BCD und dessen Höhe $h = 2$ cm gleich, d. h. der Flächeninhalt des Dreiecks bleibt gleich. Da sich das Trapez nicht ändert, bleibt der Flächeninhalt der Figur immer gleich groß.

4. a) ⏲ 5 Minuten, 📖🔍

Die Figur wird wie in unten stehender Skizze in ein Rechteck, ein Quadrat und ein Dreieck zerlegt. Das Dreieck ist wegen des 45°-Winkels gleichschenklig rechtwinklig und hat die Schenkellänge 30 cm.
$A_{ges} = A_R + A_Q + A_D$
$= 80 \cdot 60 \text{ cm}^2 + 30 \cdot 30 \text{ cm}^2 + \dfrac{1}{2} \cdot 30 \cdot 30 \text{ cm}^2$
$= 4800 \text{ cm}^2 + 900 \text{ cm}^2 + 450 \text{ cm}^2 = 6150 \text{ cm}^2$

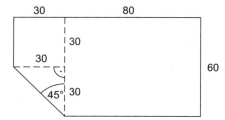

b)  4 Minuten,

$$A = a \cdot h \;\Rightarrow\; a = \frac{A}{h} = \frac{56\,\text{cm}^2}{8\,\text{cm}} = 7\,\text{cm}$$

$$u = 2 \cdot (a+b) \;\Rightarrow\; b = \frac{u-2a}{2} = \frac{31\,\text{cm} - 2\cdot 7\,\text{cm}}{2} = \frac{17\,\text{cm}}{2} = 8,5\,\text{cm}$$

Die Seiten des Parallelogramms sind a = 7 cm und b = 8,5 cm lang.

5. ⏱ 5 Minuten,

Anzahl der Dreiecke: x   Anzahl der Quadrate: y
$3 \cdot x + 4 \cdot y = 25$

y = 1:	x = 7	y = 4:	x = 3
y = 2:	nicht möglich	y = 5:	nicht möglich
y = 3:	nicht möglich	y = 6:	nicht möglich

Diese Überlegung ergibt:
Oliver hat entweder sieben Dreiecke und ein Quadrat oder drei Dreiecke und vier Quadrate gezeichnet.

6. ⏱ 6 Minuten,

Die Primfaktorzerlegung von 252 ergibt sich wie folgt:
$252 = 2 \cdot 2 \cdot 3 \cdot 3 \cdot 7$

Daraus erhält man die folgenden vierstelligen Produkte, in denen die Faktoren noch vertauscht werden können:
$252 = 1 \cdot 4 \cdot 7 \cdot 9 = 2 \cdot 2 \cdot 7 \cdot 9 = 3 \cdot 3 \cdot 4 \cdot 7 = 2 \cdot 3 \cdot 6 \cdot 7$

$\Rightarrow$ größte Zahl: 9741

Schulaufgabe 10

BE

1. a) Berechne:
   $4{,}875 : 1{,}25 - 0{,}64 \cdot (0{,}75 - 0{,}125) =$ 4
   b) Verwandle jeweils in einen gemeinen Bruch: 3
   (1) $4{,}0\overline{28} =$
   (2) $8{,}\overline{651} =$

2. a) Ein Stück Papier wird viermal gefaltet, mit dem Zirkel ein Loch durchgestochen und wieder auseinandergefaltet.
   Gib die Anzahl der Zirkellöcher an. 2
   b) Eine Grundschule hat vier Klassenstufen. In der 1. Klasse sind $\frac{3}{7}$ der Schüler, in der 2. Klasse $\frac{1}{4}$, in der 3. Klasse $\frac{1}{6}$ und in der 4. Klasse die übrigen 26 Schüler.
   Ermittle die Anzahl der Schüler in den einzelnen Klassenstufen. 4

3. Jannik läuft eineinviertel mal so schnell wie Anna-Marie. Bei einem Rennen über 3 000 m gehen beide gleichzeitig durchs Ziel.
   Ermittle, welchen Vorsprung Jannik seiner Konkurrentin Anna-Marie gegeben hat. 4

   Hinweis: Die Geschwindigkeiten verhalten sich umgekehrt zu den Laufstrecken. Drücke daher eineinviertel als Bruch aus und bilde den Kehrbruch.

4. a) Schreibe in der in Klammern angegebenen Einheit: 3
   (1) 24 dm³ 3 cm³ (in m³)
   (2) 24 dm² 3 cm² (in m²)
   (3) 24 dm 3 cm   (in m)
   b) In einem Koordinatensystem (Maßeinheit 1 cm) sind die Punkte A(−2|0) und B(2|0) gegeben. 6
   (1) Zeichne einen Punkt C so ein, dass das Dreieck ABC den Flächeninhalt 8 cm² besitzt.
   (2) Beschreibe dann die Lage aller Punkte C, die die Bedingung aus Teilaufgabe a erfüllen.
   (3) Zeichne einen Punkt D so ein, dass das Viereck ABCD ein Parallelogramm wird. Wie groß ist dessen Flächeninhalt?

5. a) Wie ändert sich der Flächeninhalt eines Trapezes, wenn man seine
Höhe halbiert?

b) Gegeben ist die Fläche:

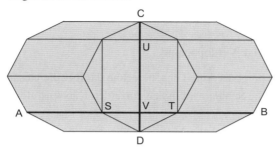

Die Strecken [AS] und [TB] dritteln jeweils die Strecke [AB].
Die Strecken [CU] und [VD] entsprechen jeweils $\frac{1}{6}$ der Strecke [CD].
Berechne den Flächeninhalt der Figur, wenn $\overline{AB} = 12$ cm und
$\overline{CU} = 1$ cm messen.

6. a) Berechne das Volumen des
Quaders mit dem rechts abge-
bildeten Netz (Maßzahlen
in cm).

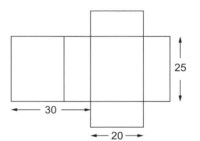

b) Gegeben ist das Netz eines
Würfels.
Welche Seitenfläche liegt der
grauen Fläche gegenüber,
wenn das Netz zum Würfel
gefaltet wird?

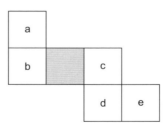

Hinweise und Tipps

1. a) Klammern ausrechnen und Punktrechnung vor Strichrechnung beachten.
   b) Schreibe die Dezimalzahlen als Brüche und kürze.

2. a) Erkenne die jeweilige Verdoppelung.
   b) Drücke die 26 Schüler als Anteil aus, berechne darüber die Gesamtschülerzahl und dann die Schülerzahl in den einzelnen Klassenstufen.

3. Mithilfe der Laufstrecke von Anna-Marie die Vorgabe von Jannik bestimmen.

4. a) Umrechnungszahlen bei Maßen kennen.
   b) Dreiecke mit vorgegebenem Flächeninhalt in ein Koordinatensystem einzeichnen, wobei C(x|4) zu beachten ist. Punkt D als D(x+4|4) oder als D(x−4|4) ergänzen.

5. a) Betrachte dir die Flächenformel für ein Trapez.
   b) Bestimme die Streckenlängen von [AS], [TB], [ST], [CD], [VD] und [UV]. Berechne den Flächeninhalt der Figur über dir bekannte Figuren.

6. a) Aus der Zeichnung a = 25 cm, b = 20 cm und c = 10 cm ablesen und das Volumen über V = a · b · c berechnen.
   b) Es ist die Seitenfläche gesucht, die mit der Grundfläche keinen Punkt gemeinsam hat.

Lösung

	BE

1. a) ⏱ 4 Minuten, 📖
$$4{,}875 : 1{,}25 - 0{,}64 \cdot (0{,}75 - 0{,}125) =$$
$$= 487{,}5 : 125 - 0{,}64 \cdot 0{,}625$$ 1
$$= 3{,}9 - 0{,}4 = 3{,}5$$ 3

b) ⏱ 3 Minuten, 📖 / 📖📚

(1) $4{,}028 = 4\dfrac{28}{1\,000} = 4\dfrac{7}{250}$ 1

(2) $8{,}\overline{651} = 8\dfrac{651}{999} = 8\dfrac{217}{333}$ 2

2. a) ⏱ 2 Minuten, 📖📚
Man kann $2 \cdot 2 \cdot 2 \cdot 2 = 2^4 = 16$ Zirkellöcher zählen.   2

b) ⏱ 5 Minuten, 📖📚
$$\dfrac{3}{7} + \dfrac{1}{4} + \dfrac{1}{6} = \dfrac{36 + 21 + 14}{84} = \dfrac{71}{84}$$ 1

26 Schüler $\hat{=} \dfrac{13}{84}$

2 Schüler $\hat{=} \dfrac{1}{84}$ 1

Die Schule hat $2 \cdot 84 = 168$ Schüler. In den einzelnen Klassenstufen findet man:

Klasse 1: $\dfrac{3}{7}$ von 168 = 72 Schüler

Klasse 2: $\dfrac{1}{4}$ von 168 = 42 Schüler

Klasse 3: $\dfrac{1}{6}$ von 168 = 28 Schüler

Klasse 4: 26 Schüler   2

3. ⏱ 5 Minuten,

Wenn Jannik $1\frac{1}{4} = \frac{5}{4}$-mal so schnell ist wie Anne-Marie, dann legt er in derselben Laufzeit mehr Meter zurück. Wenn sie gleichzeitig ins Ziel kommen sollen, beträgt die Laufstrecke von Anna-Marie also nur $\frac{4}{5}$ von der von Jannik, d. h.

$\frac{4}{5}$ von 3 000 m = 3 000 m $\cdot \frac{4}{5}$ = 2 400 m.

Jannik gibt Anna-Marie 600 m Vorsprung. 4

4. a) ⏱ 3 Minuten,
 (1) 24 dm³ 3 cm³ = 0,024003 m³ 1
 (2) 24 dm² 3 cm² = 0,2403 m² 1
 (3) 24 dm 3 cm = 2,43 m 1

b) ⏱ 7 Minuten,

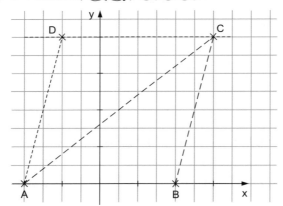

 (1) Der Punkt C muss die Koordinaten C(x|4) bzw. C(x|−4) besitzen, dann gilt:

 $A_\Delta = \frac{1}{2} \cdot 4 \cdot 4 \text{ cm}^2 = 8 \text{ cm}^2$ 2

 (2) Alle Punkte C liegen auf einer Parallelen zur x-Achse im Abstand 4 cm. 2
 (3) Punkt D siehe Zeichnung. Der Flächeninhalt beträgt 16 cm². 2

5. a) ⏱ 2 Minuten, 🧠

Aus A = m · h ist ersichtlich, dass sich der Flächeninhalt halbiert, wenn die Höhe des Trapezes halbiert wird.

b) ⏱ 8 Minuten, 🧠🧠 / 🧠🧠🧠.

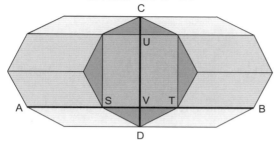

$\overline{AS} = \frac{1}{3} \cdot \overline{AB} = \frac{1}{3} \cdot 12 \text{ cm} = 4 \text{ cm} \Rightarrow \overline{TB} = 4 \text{ cm}$ und $\overline{ST} = 4 \text{ cm}$

$\overline{CD} = 6 \cdot \overline{CU} = 6 \cdot 1 \text{ cm} = 6 \text{ cm} \Rightarrow \overline{VD} = 1 \text{ cm}$ und $\overline{UV} = 4 \text{ cm}$

Die Figur besteht aus insgesamt 8 Parallelogrammen, von denen jeweils 4 gleich groß sind, aus 1 Quadrat und aus 4 Dreiecken.

$A = 4 \cdot A_{P1} + 4 \cdot A_{P2} + A_Q + 4 \cdot A_D$

$= 4 \cdot \overline{AS} \cdot \frac{1}{2} \cdot \overline{UV} + 4 \cdot \overline{AS} \cdot \overline{CU} + \overline{ST} \cdot \overline{UV} + 4 \cdot \frac{1}{2} \cdot \overline{ST} \cdot \overline{VD}$

$= 4 \cdot 4 \text{ cm} \cdot \frac{1}{2} \cdot 4 \text{ cm} + 4 \cdot 4 \text{ cm} \cdot 1 \text{ cm} + 4 \text{ cm} \cdot 4 \text{ cm} + 4 \cdot \frac{1}{2} \cdot 4 \text{ cm} \cdot 1 \text{ cm}$

$= 32 \text{ cm}^2 + 16 \text{ cm}^2 + 16 \text{ cm}^2 + 8 \text{ cm}^2 = 72 \text{ cm}^2$

6. a) ⏱ 4 Minuten, 🧠🧠

Aus der Zeichnung liest man ab: a = 25 cm, b = 20 cm, c = 10 cm

$\Rightarrow V = a \cdot b \cdot c = 25 \cdot 20 \cdot 10 \text{ cm}^3 = 5\,000 \text{ cm}^3 = 5 \text{ dm}^3$

b) ⏱ 2 Minuten, 🧠.

Die Seitenfläche e liegt der schraffierten Grundfläche gegenüber, weil gegenüberliegende Flächen keine gemeinsamen Punkte besitzen dürfen.

Schulaufgabe 11

BE

1. a) Ergibt der Bruch $\frac{113}{2\,000}$ einen endlichen oder einen unendlichen Dezimalbruch? Erkläre, ohne zu dividieren. \hfill 2

   b) Berechne:
   $$\frac{5-\frac{7}{6}:0,5+18\cdot\frac{2}{3}}{12+31,5:3-7,\overline{6}\cdot 1\frac{1}{2}} = $$
   \hfill 5

2. a) Wie muss ein ebener Schnitt durch einen Würfel gelegt werden, sodass ein \hfill 4
      (1) gleichseitiges Dreieck,
      (2) Quadrat entsteht?

   b) Gegeben sind die Netze von Würfeln. Die graue Fläche ist die Grundfläche des Würfels.
      Gib an, welche Fläche jeweils die Deckfläche ist. \hfill 3

   (1)

   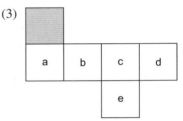

   (3)

   (2)

   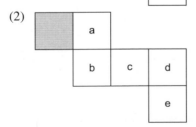

3. a) Franz-Xaver misst die Länge und die Breite eines Regalbretts und erhält dabei die gerundeten Werte a = 1,2 m und b = 20,0 cm. \hfill 5
      (1) Zwischen welchen Längen liegen die wahren Werte von a und b?
      (2) Zwischen welchen Werten liegt die wahre Fläche des Regalbretts?

b) Das abgebildete Blech mit der Einheit cm wird zu einer oben offenen Schachtel gebogen. Bestimme deren Volumen.

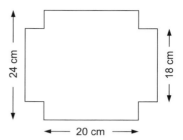

4. a) Berechne:
   (1) 15,86 hl : 6,5 dm³ =
   (2) 48 644 cm³ − 4 dm³ 64 cm³ =

   b) Ein Würfel hat eine Oberfläche O = 150 cm². Berechne sein Volumen.

   c) Ein Ziegelstein hat die Form eines Quaders. Er ist $2\frac{1}{2}$ dm lang und $1\frac{1}{5}$ dm breit. Berechne die Höhe des Ziegelsteins, wenn er ein Volumen von $2\frac{2}{5}$ dm³ besitzt.

5. Peters Aquarium ist 60 cm lang, 30 cm breit und 35 cm hoch. Der Wasserspiegel ist 7 cm vom oberen Rand entfernt. Von seinem Freund Steffen bekommt er ein kleines Becken mit Jungfischen. Den Inhalt des kleinen Beckens, das 20 cm lang und 15 cm breit ist sowie eine Wasserhöhe von 12 cm besitzt, möchte er in das große Aquarium schütten. Ermittle, um wie viel dort der Wasserstand steigt.

6. Romy und Jonas fahren in Urlaub. Dazu müssen sie eine 468 km lange Strecke zurücklegen. Obwohl sie eine Pause machen, beträgt die Durchschnittsgeschwindigkeit 72 $\frac{km}{h}$, ohne Pause wäre sie sogar 80 $\frac{km}{h}$ gewesen. Berechne, wie viele Minuten die Pause dauert.

Hinweise und Tipps

1. a) Verwende die Zerlegung von $2\,000 = 2^4 \cdot 5^3$ in Primfaktoren.
    b) Löse den Doppelbruch als Division auf. Rechne Klammern mit Punkt- vor Strichrechnung aus und bilde den Quotienten.

2. a) Überlege dir, wie viel du vom Würfel abschneiden und wo du am Würfel dafür ansetzen musst, um ein gleichseitiges Dreieck bzw. ein Quadrat zu erhalten.
    b) Baue den Würfel im „Geist" zusammen.

3. a) Rundungszahlen aufschreiben und Produkte $19,95 \cdot 115 \text{ cm}^2$ und $20,05 \cdot 125 \text{ cm}^2$ ausrechnen.
    b) Lies aus der Zeichnung a, b, c ab und berechne $V = a \cdot b \cdot c$.

4. a) Für die Messung in (1) dm^3 und den zweiten Term in (2) cm^3 verwenden.
    b) Bestimme die Kantenlänge über den Flächeninhalt.
    c) Bestimme die Höhe c aus $V = a \cdot b \cdot c$ durch $c = V : (a \cdot b)$.

5. Berechne den Höhenanstieg über die Grundfläche des großen Beckens und das Volumen des kleinen Beckens.

6. Berechne aus den Geschwindigkeiten die benötigten Zeiten. Die Differenz beider Zeiten entspricht der Dauer der Pause.

Lösung

	BE
1. a) ⏱ 2 Minuten, 🧠	

$2\,000 = 2 \cdot 2 \cdot 2 \cdot 2 \cdot 5 \cdot 5 \cdot 5 = 2^4 \cdot 5^3$

Es ergibt sich ein endlicher Dezimalbruch, weil der Nenner 2 000 nur die Primfaktoren 2 und 5 enthält.   2

b) ⏱ 6 Minuten, 🧠🧠 / 🧠🧠🧠.

$$\frac{5 - \frac{7}{6} : 0{,}5 + 18\frac{2}{3}}{12 + 31{,}5 : 3 - 7{,}\overline{6} \cdot 1\frac{1}{2}} = \left(5 - \frac{7}{6} : \frac{1}{2} + 18\frac{2}{3}\right) : \left(12 + \frac{63}{2} : 3 - \frac{23}{3} \cdot \frac{3}{2}\right) =$$ 1

$$= \left(5 - \frac{7}{3} + 18\frac{2}{3}\right) : \left(12 + \frac{21}{2} - \frac{23}{2}\right) = 21\frac{1}{3} : 11 = \frac{64}{3 \cdot 11} = \frac{64}{33} = 1\frac{31}{33}$$ 4

2. a) ⏱ 4 Minuten, 🧠 / 🧠🧠.
 (1) Die Ebene schneidet den Würfel in drei Kantenpunkten, die von einer Ecke jeweils den gleichen Abstand besitzen.   2
 (2) Die Ebene ist parallel zu einer Seitenfläche des Würfels.   2

b) ⏱ 3 Minuten, 🧠 / 🧠🧠.
 (1) Seitenfläche e   1
 (2) Seitenfläche c   1
 (3) Seitenfläche e   1

3. a) ⏱ 5 Minuten, 🧠.
 (1) Die Werte sind jeweils auf eine Stelle nach dem Komma gerundet.
  $1{,}15\text{ m} \leq a < 1{,}25\text{ m}$ $19{,}95\text{ cm} \leq b < 20{,}05\text{ cm}$ 1
 (2) Die minimale Fläche erhält man als Produkt der beiden kleinsten, die maximale als Produkt der beiden größten Längen. Für die Berechnung lässt man das Komma der Dezimalzahl weg und fügt es nach der Rechnung wieder ein. Jede Nachkommastelle ist hierbei zu berücksichtigen.

```
  1995 · 115            2005 · 125
  ──────────            ──────────
     1995                  2005
     1995                  4010
      9975                10025
  ──────────            ──────────
   229425                250625
```

Der Flächeninhalt liegt zwischen 2 294,25 cm² und 2 506,25 cm².   2

b) 🕐 4 Minuten, 🎯🎯
Aus der Zeichnung liest man ab:
a = 20 cm, b = 18 cm, c = (24 cm − 18 cm) : 2 = 3 cm
$\Rightarrow$ V = a · b · c = 20 · 18 · 3 cm³ = 1 080 cm³
Das Volumen der oben offenen Schachtel beträgt 1 080 cm³.

4. a) 🕐 4 Minuten, 🎯 / 🎯🎯
   (1) 15,86 hl : 6,5 dm³ = 1586 ℓ : 6,5 dm³ = 1 586 dm³ : 6,5 dm³
       = 15 860 : 65 = 244
   (2) 48 644 cm³ − 4 dm³ 64 cm³ = 48 644 cm³ − 4 064 cm³
       = 44 580 cm³ = 44 dm³ 580 cm³

   b) 🕐 3 Minuten, 🎯
   Der Oberflächeninhalt setzt sich aus 6 gleichen Flächen zusammen.
   Jede Fläche besitzt den Inhalt:
   $$A = \frac{150}{6} \text{ cm}^2 = 25 \text{ cm}^2$$
   Da 5 cm · 5 cm = 25 cm², hat der Würfel die Kantenlänge a = 5 cm
   und besitzt das Volumen:
   V = a³ = (5 cm)³ = 125 cm³

   c) 🕐 4 Minuten, 🎯🎯
   $$V = a \cdot b \cdot c \Rightarrow c = V : (a \cdot b) = 2\frac{2}{5} \text{ dm}^3 : \left(2\frac{1}{2} \text{ dm} \cdot 1\frac{1}{5} \text{ dm}\right)$$
   $$= \frac{12}{5} \text{ dm}^3 : \left(\frac{5 \cdot 6}{2 \cdot 5} \text{ dm}^2\right) = \frac{12}{5} : 3 \text{ dm} = \frac{4}{5} \text{ dm}$$
   Die Höhe des Ziegelsteins beträgt $\frac{4}{5}$ dm = 8 cm.

5. 🕐 5 Minuten, 🎯🎯
   Kleines Becken: V = 20 · 15 · 12 cm³ = 3 600 cm³
   Großes Becken: Grundfläche G = a · b = 60 · 30 cm² = 1 800 cm²
   $$G \cdot h = V \Rightarrow h = \frac{V}{G} = \frac{3\,600}{1\,800} \text{ cm} = 2 \text{ cm}$$
   Das Wasser steigt um 2 cm.

6. 🕐 5 Minuten, 🌍🌎🌍.

Zeitdauer ohne Pause: $468 \text{ km} : 80 \frac{\text{km}}{\text{h}} = 5{,}85 \text{ h}$ 1

Zeitdauer mit Pause: $468 \text{ km} : 72 \frac{\text{km}}{\text{h}} = 6{,}5 \text{ h}$ 1

$\Rightarrow$ Pause: $6{,}5 \text{ h} - 5{,}85 \text{ h} = 0{,}65 \text{ h} = 0{,}65 \cdot 60 \text{ min} = 39 \text{ min}$ 2

Die Pause hat 39 min gedauert.

Schulaufgabe 12

BE

1. a) Berechne:

   $$\left(3\frac{3}{4} - 1\frac{5}{16} \cdot 1\frac{5}{7}\right) : \left(2\frac{11}{12} \cdot \frac{9}{10} - 2\frac{1}{4}\right) - \left(\frac{4}{5}\right)^2 =$$ 4

   b) Gib alle vierstelligen Dezimalzahlen an, die beim Runden 0,03 ergeben.   2

2. a) In einem Koordinatensystem ist der Punkt A(1|−1) gegeben. Wie viele Quadrate gibt es, die symmetrisch zu einer Koordinatenachse verlaufen und den Punkt A als Eckpunkt besitzen?   5

   b) Durch einen Niederschlag von 80 ℓ Wasser pro m² auf die gesamte Fläche eines Sees ist die Oberfläche um x cm angestiegen. Berechne die Höhe x.   3

3. a) Ein Prisma habe als Grundfläche ein rechtwinkliges Dreieck (siehe nebenstehende Abbildung) und die Höhe 7,3 cm. Berechne Oberflächeninhalt und Volumen des Prismas.

   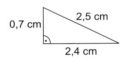

   4

   b) Ein Werkstück hat die Form eines Würfels mit einem quadratischen Durchbruch (siehe Skizze). Berechne Volumen und Oberfläche des Werkstücks.

   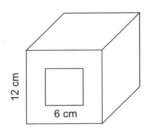

   5

4. Aus acht Würfelchen der Kantenlänge 4 cm wird ein Würfel der Kantelänge 8 cm gebaut. Wird wie in der nebenstehenden Skizze ein Würfelchen weggenommen, so ändert sich das Volumen, aber nicht die Oberfläche. Zeige dies durch Rechnung.

   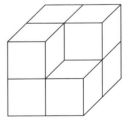

   3

5. Durch einen Berg wird für die Straße ein 3,34 km langer Tunnel mit einer rechteckigen Querschnittsfläche der Breite 9 m und der Höhe 4 m gebaut.

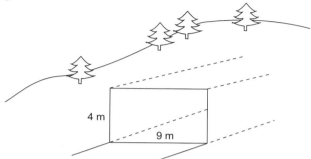

a) Ermittle, wie viele Lkw-Transporte erforderlich sind, wenn jedes Fahrzeug 15 m³ Geröll abfährt.

b) Bevor die 9 m breite Straße asphaltiert wird, muss ein Schotterbett gelegt werden. Hierzu werden 9 018 m³ Schotter angefahren. Berechne die Höhe des Schotterbetts.

6. Ein Zimmer ist 2,60 m hoch und besitzt die in der untenstehenden Skizze dargestellte Grundfläche.

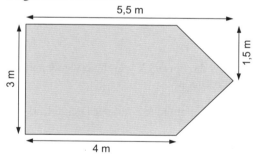

a) Bestimme, wie viele m³ Luft sich im Zimmer befinden, wenn keine Möbel darin sind.

b) Berechne, wie schwer die Luft in dem Zimmer ist, wenn 1 m³ Luft 1,30 kg wiegt.

Hinweise und Tipps

1. a) Rechne zuerst die Klammern unter Beachtung von Punkt- vor Strichrechnung aus, bestimme den Quotienten und bilde die Differenz.
   b) Runde auf die Dezimalen und berücksichtige die vierte Dezimalstelle.

2. a) Zeichne die fünf Quadrate.
   b) Arbeite mit der Formel $V = G \cdot h \Rightarrow h = \frac{V}{G}$.

3. a) Berechne Grundfläche mal Höhe als Volumen des Prismas. Berechne die Oberfläche als Summe aller Seitenflächen.
   b) Bestimme das Volumen aus „Würfel minus Quader" und die Oberfläche aus „Würfeloberfläche minus zwei kleinere Quadrate plus sechs Rechtecke".

4. Mit $a = 8$ cm $V = \frac{7}{8} \cdot V_{alt}$ und $O = O_{alt}$ berechnen.

5. a) Rechne das Volumen des Tunnels in m³ aus und dividiere durch 15 m³.
   b) Verwende zur Berechnung der Höhe des Schotterbetts die Formel:
   $V = G \cdot h \Rightarrow h = \frac{V}{G}$

6. a) Zur Berechnung des Volumens die Formel $V = G \cdot h$ verwenden und G aus Rechteck und Dreieck berechnen.
   b) Multipliziere das Volumen aus Teilaufgabe a mit der Dichte $1,30 \frac{kg}{m^3}$.

Lösung

1. a) ⏱ 6 Minuten,

$$\left(3\frac{3}{4}-1\frac{5}{16}\cdot 1\frac{5}{7}\right):\left(2\frac{11}{12}\cdot \frac{9}{10}-2\frac{1}{4}\right)-\left(\frac{4}{5}\right)^2=$$

$$=\left(3\frac{15}{20}-\frac{21\cdot 12}{16\cdot 5}\right):\left(\frac{35\cdot 9}{12\cdot 10}-2\frac{1}{4}\right)-\left(\frac{4}{5}\right)^2$$

$$=\left(3\frac{15}{20}-3\frac{3}{20}\right):\left(\frac{21}{8}-\frac{18}{8}\right)-\frac{16}{25}$$

$$=\frac{12}{20}:\frac{3}{8}-\frac{16}{25}=\frac{12\cdot 8}{20\cdot 3}-\frac{16}{25}=\frac{8}{5}-\frac{16}{25}=\frac{40}{25}-\frac{16}{25}=\frac{24}{25}$$

BE

1

1

2

b) ⏱ 2 Minuten,
Die vierstelligen Zahlen x, die gerundet 0,03 ergeben, erfüllen die Bedingung $0{,}0250 \leq x \leq 0{,}0349$.

2

2. a) ⏱ 4 Minuten,
Es gibt die folgenden fünf Quadrate, die den Punkt A enthalten und symmetrisch zu einer Koordinatenachse verlaufen (siehe Skizze).
(1) A, (3|−1), (3|1), (1|1)
(2) A, (1|1), (−1|1), (−1|−1)
(3) A, (−1|−1), (−1|−3), (1|−3)
(4) A, (2|0), (1|1), (0|0)
(5) A, (0|0), (−1|−1), (0|−2)

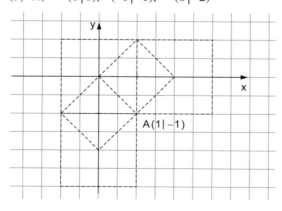

5

b) ⏲ 3 Minuten,

$80\ \ell = 80\ \text{dm}^3;\ 1\ \text{m}^2 = 100\ \text{dm}^2$

$x = \dfrac{80\ \text{dm}^3}{100\ \text{dm}^2} = \dfrac{8}{10}\ \text{dm} = 8\ \text{cm}$

Die Oberfläche des Sees ist um 8 cm angestiegen.

3. a) ⏲ 6 Minuten,

$A_D = \dfrac{1}{2} \cdot 2{,}4\ \text{cm} \cdot 0{,}7\ \text{cm} = \dfrac{5}{10} \cdot \dfrac{24}{10} \cdot \dfrac{7}{10}\ \text{cm}^2 = \dfrac{5 \cdot 24 \cdot 7}{1\,000}\ \text{cm}^2$

$= \dfrac{840}{1\,000}\ \text{cm}^2 = 0{,}84\ \text{cm}^2$

Volumen des Prismas:

$V_P = A_D \cdot h = 0{,}84\ \text{cm}^2 \cdot 7{,}3\ \text{cm} = 6{,}132\ \text{cm}^3$

Oberflächeninhalt:

$O_P = 2{,}4 \cdot 7{,}3\ \text{cm}^2 + 0{,}7 \cdot 7{,}3\ \text{cm}^2 + 2{,}5 \cdot 7{,}3\ \text{cm}^2 + 2 \cdot A_D$
$= (17{,}52 + 5{,}11 + 18{,}25 + 1{,}68)\ \text{cm}^2 = 42{,}56\ \text{cm}^2$

b) ⏲ 6 Minuten,

Es wird in cm gerechnet.

$V = 12^3 - 6^2 \cdot 12 = 12 \cdot (144 - 36) = 12 \cdot 108 = 1\,296\ \text{cm}^3$

oder

$V = 1\,728 - 432 = 1\,296\ \text{cm}^3$

$O = 6 \cdot 12^2 - 2 \cdot 6^2 + 4 \cdot 6 \cdot 12 = 864 - 72 + 288 = 1\,080\ \text{cm}^2$

Das Volumen des Werkstücks beträgt 1 296 cm³, die Oberfläche 1 080 cm².

4. ⏲ 3 Minuten,

$V = \dfrac{7}{8} \cdot 8^3\ \text{cm}^3 = 448\ \text{cm}^3$ im Vergleich zum bisherigen Volumen

$V_{\text{alt}} = 8^3\ \text{cm}^3 = 512\ \text{cm}^3$

Das Volumen wird um $64\ \text{cm}^3 = 4^3\ \text{cm}^3$, d. h. um ein Würfelchen kleiner.

Bei der Oberfläche sieht man an der Skizze, dass drei Flächen wegfallen, dafür aber drei innere neu entstehen, d. h. die Oberfläche bleibt gleich mit $O = 6 \cdot 8^2\ \text{cm}^2 = 384\ \text{cm}^2$.

5. a) ⏱ 4 Minuten, 🧠
$V = 9 \cdot 4 \cdot 3\,340 \text{ m}^3 = 120\,240 \text{ m}^3$
Es sind 120 240 m³ Geröll zu transportieren.
120 240 m³ : 15 m³ = 8 016
Es müssen 8 016 Lkw-Transporte stattfinden.

b) ⏱ 4 Minuten, 🧠🧠
Die Straße nimmt eine Fläche von 9 m · 3 340 m = 30 060 m² ein.
Auf diesen 30 060 m² wird der Schotter gleichmäßig verteilt. Das Schotterbett bildet damit einen Quader mit dem Volumen 9 018 m³.
Für die Höhe ergibt sich damit: $h = \dfrac{9\,018 \text{ m}^3}{30\,060 \text{ m}^2} = 0,3 \text{ m}$
Das Schotterbett ist 0,3 m = 30 cm hoch.

6. a) ⏱ 5 Minuten, 🧠🧠 / 🧠🧠🧠
Die Grundfläche setzt sich aus einem Rechteck und einem Dreieck zusammen.
$G = 4 \cdot 3 \text{ m}^2 + \dfrac{1}{2} \cdot 3 \cdot 1,5 \text{ m}^2 = 12 \text{ m}^2 + 2,25 \text{ m}^2 = 14,25 \text{ m}^2$
Für das Volumen gilt:
$V = G \cdot h = 14,25 \cdot 2,60 \text{ m}^3 = 37,05 \text{ m}^3$
Im Zimmer befinden sich 37,05 m³ Luft.

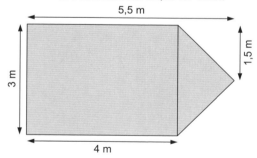

b) ⏱ 2 Minuten, 🧠
Die Luft wiegt: m = 37,05 · 1,30 kg = 48,165 kg

Schulaufgaben zum Themenbereich 4
Rechnen mit rationalen Zahlen

Schulaufgabe 13

BE

1. a) Runde auf die in Klammern angegebene Genauigkeit bzw. Einheit: 4
   (1) 368,449 (1 Dezimalstelle)
   (2) 0,34952 (3 Dezimalstellen)
   (3) 0,0498 t (kg)
   (4) 0,43 h (min)

   b) Welche Fehler wurden in folgender Rechnung gemacht? Welches Ergebnis erhältst du?

   $$\left(-\frac{1}{25} \cdot 200 - 5,6 : (-0,7)\right) : \left(-0,18 \cdot 3\frac{1}{3}\right) = (-8-8) : \left(-\frac{18}{300} \cdot \frac{1\,000}{300}\right)$$
   $$= (-16) : \left(-\frac{1}{5}\right) = -\frac{4}{15}$$
   4

2. a) Welche Zahlen a, b, c, d, e sind am Zahlenstrahl gezeichnet? 3

   b) Ordne die Brüche der Größe nach:

   $$\frac{4}{5}, -\frac{5}{6}, \frac{7}{12}, \frac{23}{30}, -\frac{1}{2}, -\frac{4}{5}$$
   4

   c) Berechne:

   $$2\frac{5}{6} + \frac{4}{27} - 8\frac{2}{3} =$$
   3

3. a) Bestimme die magische Zahl und vervollständige das multiplikative magische Quadrat (Nur die Produkte der Zeilen und Spalten sind gleich!):

	100	
	10	$-\frac{1}{20}$
50	$-\frac{1}{10}$	

   5

b) Bestimme, welche Zahl man zur Summe der Zahlen $4\frac{2}{3}$ und $1\frac{5}{6}$ addieren muss, um die Differenz dieser Zahlen zu erhalten. 5

4. Im Parallelogramm ABCD hat die Grundlinie [AB] die Länge AB = 6 cm und die Höhe h = 3 cm. Auf der Seite [CD] wird ein Punkt E so gewählt, dass die Verbindungsstrecke [BE] das Parallelogramm in ein Dreieck und in ein Trapez zerlegt, wobei die Dreiecksfläche nur halb so groß ist wie die Trapezfläche.
Zeichne eine Überlegungsfigur und bestimme die Flächeninhalte von Trapez und Dreieck. 5

5. Zeige an einem Beispiel (mit mindestens zweistelligen Zahlen a und b), dass für a, b ∈ ℕ und a < b gilt:
$$\frac{a}{b} < \frac{a+1}{b+1}$$ 2

6. Bastian und Amelie planen eine Geburtstagsparty. Dazu wollen sie fünf Flaschen Limonade kaufen, wobei jede Flasche 1,49 € und 0,29 € Pfand kostet. Zudem würden die beiden gerne Pizzabrötchen machen, wofür sie folgende Zutaten berechnen:
- Schinken: 1,15 €
- Salami: 0,89 €
- Peperoni: 1,78 €
- Käse: 1,26 €

Bastian hat 11,14 €. Wie viel Geld fehlt ihm, um den geplanten Einkauf zu bezahlen, wenn er 5 % Rabatt auf alle Lebensmittel bekommt (Gesamtpreis gerundet auf 2 Dezimalstellen)?
Können die beiden dennoch alles bezahlen, wenn Amelie $\frac{1}{4}$ des Gesamtpreises übernimmt? 5

Hinweise und Tipps

1. a) Rundungsregeln und Umwandlungszahlen anwenden.

   b) Achte auf Vorzeichen und auf die Umwandlung von Dezimalzahlen in Brüche. Das Ergebnis erhältst du leicht über die Berechnung der ersten Klammer.

2. a) Achte auf die Skalierung des Zahlenstrahls.

   b) Bringe alle Brüche auf den gemeinsamen Nenner 60 und ordne sie der Größe nach an.

   c) Brüche auf den Hauptnenner 54 bringen und von der Summe der Plusglieder das Minusglied subtrahieren. Das Ergebnis ist negativ.

3. a) Fülle die fehlenden Felder Schritt für Schritt aus.

   b) Ziehe die Summe von der Differenz der beiden Zahlen ab.

4. Fertige eine Skizze an, berechne aus Grundlinie und Höhe die Fläche des Parallelogramms und teile sie im Verhältnis 2 : 1 auf Trapez und Dreieck auf.

5. Wähle ein geeignetes Beispiel, bringe die beiden Brüche auf den Hauptnenner und weise die Kleiner-Relation nach.

6. Rechne den Gesamtbetrag für die Lebensmittel aus und ziehe davon 5 % Rabatt ab. Vergleiche den verbleibenden Betrag mit Bastians Geld. Berechne anschließend $\frac{1}{4}$ des zu zahlenden Betrages und prüfe, ob Bastian und Amelie zusammen den Einkauf bezahlen können.

Lösung

BE

1. a) ⏲ 4 Minuten, 🌐
  (1) $368{,}449 \approx 368{,}4$ 1
  (2) $0{,}34952 \approx 0{,}350$ 1
  (3) $0{,}0498 \text{ t} = 49{,}8 \text{ kg} \approx 50 \text{ kg}$ 1
  (4) $0{,}43 \text{ h} = 0{,}43 \cdot 60 \text{ min} = 25{,}8 \text{ min} \approx 26 \text{ min}$ 1

b) ⏲ 4 Minuten, 🌐/🌐🌐

$$\left(-\frac{1}{25} \cdot 200 - 5{,}6 : (-0{,}7)\right) : \left(-0{,}18 \cdot 3\frac{1}{3}\right) =$$

$$= (-8 \boxed{-8}) : \left(\boxed{-\frac{18}{300}} \cdot \frac{1\,000}{300}\right) = (-16) : \left(-\frac{1}{5}\right) = \boxed{-\frac{4}{15}}$$

1. Fehler: $+8$ 1
2. Fehler: $-0{,}18 = -\frac{18}{100} = -\frac{54}{300}$ 1
3. Fehler: $-$ durch $-$ ergibt $+$ 1
Richtiges Ergebnis ist 0 wegen $(-8+8)$ in 1. Klammer. 1

2. a) ⏲ 3 Minuten, 🌐🌐

$a = \dfrac{3}{10} = 0{,}3$ $\qquad d = -\dfrac{7}{10} = -0{,}7$

$b = \dfrac{17}{10} = 1{,}7$ $\qquad e = -\dfrac{12}{10} = -1{,}2$

$c = 2\dfrac{2}{10} = 2{,}2$

3

b) ⏲ 5 Minuten, 🌐🌐

$\dfrac{4}{5} = \dfrac{48}{60}; \quad -\dfrac{5}{6} = -\dfrac{50}{60}; \quad \dfrac{7}{12} = \dfrac{35}{60}; \quad \dfrac{23}{30} = \dfrac{46}{60}; \quad -\dfrac{1}{2} = -\dfrac{30}{60}; \quad -\dfrac{4}{5} = -\dfrac{48}{60}$

3

Damit folgt: $-\dfrac{5}{6} < -\dfrac{4}{5} < -\dfrac{1}{2} < \dfrac{7}{12} < \dfrac{23}{30} < \dfrac{4}{5}$

1

c) ⏲ 3 Minuten, 🌐

$2\dfrac{5}{6} + \dfrac{4}{27} - 8\dfrac{2}{3} = 2\dfrac{45}{54} + \dfrac{8}{54} - 8\dfrac{36}{54} = 2\dfrac{53}{54} - 7\dfrac{90}{54} = -5\dfrac{37}{54}$

3

3. a) ⏱ 6 Minuten,

Die magische Zahl ist $100 \cdot 10 \cdot \left(-\frac{1}{10}\right) = -100$.

$-\frac{1}{100}$	100	**100**
200	10	$-\frac{1}{20}$
50	$-\frac{1}{10}$	20

b) ⏱ 5 Minuten,

Summe: $4\frac{2}{3} + 1\frac{5}{6} = 4\frac{4}{6} + 1\frac{5}{6} = 6\frac{3}{6}$

Differenz: $4\frac{2}{3} - 1\frac{5}{6} = 4\frac{4}{6} - 1\frac{5}{6} = 2\frac{5}{6}$

$2\frac{5}{6} - 6\frac{3}{6} = -3\frac{4}{6} = -3\frac{2}{3}$

Es muss die Zahl $-3\frac{2}{3}$ addiert werden.

4. ⏱ 5 Minuten,

$A_P = g \cdot h = 6 \cdot 3 \text{ cm}^2 = 18 \text{ cm}^2$

$A_{Dr} = \frac{1}{3} \cdot A_P = 6 \text{ cm}^2$

$A_{Tr} = \frac{2}{3} \cdot A_P = 12 \text{ cm}^2$

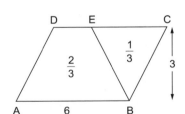

5. ⏱ 3 Minuten,

Beliebiges Beispiel wählen, z. B. a = 10, b = 11

$\frac{a}{b} = \frac{10}{11}, \quad \frac{a+1}{b+1} = \frac{11}{12}$

$\frac{a}{b} = \frac{120}{132}, \quad \frac{a+1}{b+1} = \frac{121}{132} \Rightarrow \frac{a}{b} < \frac{a+1}{b+1}$

6. ⏲ 7 Minuten, 🌐🔍🌐.
Die Lebensmittel kosten:
$5 \cdot (1{,}49 \text{ €} + 0{,}29 \text{ €}) + 1{,}15 \text{ €} + 0{,}89 \text{ €} + 1{,}78 \text{ €} + 1{,}26 \text{ €} =$
$= 5 \cdot 1{,}78 \text{ €} + 5{,}08 \text{ €} = 8{,}9 \text{ €} + 5{,}08 \text{ €} = 13{,}98 \text{ €}$ 1

Mit einem Rabatt von $5 \% = \frac{5}{100} = 0{,}05$ erhält man:

$13{,}98 \text{ €} \cdot 0{,}95 = 13{,}281 \text{ €} \approx 13{,}28 \text{ €}$ 1

$11{,}14 \text{ €} - 13{,}28 \text{ €} = -2{,}14 \text{ €}$

Bastian fehlen $-2{,}14$ €.   1

$\frac{1}{4} \cdot 13{,}28 \text{ €} = \frac{1}{4} \cdot \frac{1328}{100} \text{ €} = \frac{332}{100} \text{ €} = 3{,}32 \text{ €}$ 1

Amelie zahlt 3,32 € hinzu. Wegen
$11{,}14 \text{ €} + 3{,}32 \text{ €} = 14{,}46 \text{ €} > 13{,}28 \text{ €}$ 1
können sie den Einkauf bezahlen.

Schulaufgabe 14

BE

1. a) Verwandle in die angegebene Einheit und runde dann so, dass die Maßzahl eine natürliche Zahl wird: 4
    (1) 2,5394 dm³   (cm³)
    (2) 8,14258 km   (m)
    (3) 0,034 hl   (ℓ)
    (4) 0,05678 kg   (g)

    b) Berechne die Oberfläche eines Würfels, der ein Volumen von $V = 13\,824$ cm³ besitzt. (Hinweis: Es gilt $13\,824 = 2^9 \cdot 3^3$.)   3

2. a) Zeichne eine Zahlengerade mit der Längeneinheit 2 cm und markiere die Zahlen:
    $$\frac{7}{5},\ 1\frac{3}{10},\ -\frac{3}{5}$$
       3

    b) Ordne die Dezimalbrüche
    $-7,231;\ 7,23;\ -7,32;\ -7,031;\ 7,302;\ 7,203$
    in Form einer aufsteigenden Ungleichungskette   5
    (1) der Größe nach,
    (2) dem Betrag nach.

3. Berechne:

    a) $2\dfrac{5}{8} \cdot \dfrac{1}{7} - 3\dfrac{3}{5} : \dfrac{1}{3} + 2\dfrac{1}{8} : 8\dfrac{1}{2} =$ 3

    b) $4,95 : 5,5 - \left(\dfrac{3}{8} + 80 \cdot 0,04\right) : 2,5 =$ 3

4. Bestimme jeweils die fehlende Zahl x.

    a) $-\dfrac{1}{4} : (4,8 - x) = 0,25$ 1

    b) $\left(-\dfrac{1}{15} - \dfrac{1}{7}\right) \cdot \left(-\dfrac{1}{8} + x\right) = 0$ 2

    c) $1,4 \cdot 1,5 - x = 8,7 \cdot 0,2 \cdot 2,5$ 3

    d) $\left[\left(5\dfrac{1}{3}\right)^2 - \left(2\dfrac{1}{3}\right)^2 - 2 \cdot 11\dfrac{1}{2}\right] - x = 4\dfrac{1}{7} - 1\dfrac{1}{14}$ 5

5. Beweise, ohne die Rechnungen auszuführen (allein unter Verwendung des Distributivgesetzes und des Kommutativgesetzes), dass gilt:
$$\frac{446 \cdot 599 - 150}{446 + 599 \cdot 445} > 1$$
Hinweis: Schreibe im Zähler statt $446 \cdot 599$ den Ausdruck $(445+1) \cdot 599 = 445 \cdot 599 + 599$.

4

6. Gib zwei Zahlen $x \in \mathbb{Z}$ so an, dass der Bruch
$$z = \frac{x^2 + 4x + 6}{x + 2}$$
jeweils eine ganze Zahl wird.

4

Hinweise und Tipps

1. a) Umrechnungszahlen und Rundungsregeln anwenden.

    b) Schließe aus dem Volumen V auf die Kantenlänge a und rechne dann die Oberfläche aus.

2. a) Zeichne die Zahlengerade und markiere die Zahlen.

    b) Beachte für die Größenbeziehung die Dezimalstellen der Reihe nach.

3. a) Rechne den Term mit den Regeln der Bruchrechnung aus.

    b) Rechne mit Dezimalbrüchen. Das Ergebnis ist negativ.

4. a) Bring den Wert in der Klammer auf -1.

    b) Bring den Wert in der zweiten Klammer auf 0.

    c) Schließe aus $a - x = b$ auf $x = a - b$.

    d) Aus $a - x = b$ auf $x = a - b$ schließen. x ist negativ.

5. Forme den Zähler wie im Hinweis um. Es ergibt sich mit dem Nenner N ein Bruch der Form $\frac{N+3}{N} > 1$.

6. Es gibt vier ganze Zahlen, die auf ein ganzzahliges z führen und alle durch Probieren zu finden sind. $x = 0$ und $x = -1$ sind z. B. zwei Lösungen.

Lösung

1. a) ⏱ 4 Minuten,
   (1) $2{,}5394 \text{ dm}^3 = 2\,539{,}4 \text{ cm}^3 \approx 2\,539 \text{ cm}^3$
   (2) $8{,}14258 \text{ km} = 8\,142{,}58 \text{ m} \approx 8\,143 \text{ m}$
   (3) $0{,}034 \text{ hl} = 3{,}4 \text{ } \ell \approx 3 \text{ } \ell$
   (4) $0{,}05678 \text{ kg} = 56{,}78 \text{ g} \approx 57 \text{ g}$

   b) ⏱ 3 Minuten,
   $V = a^3 = 13\,824 \text{ cm}^3 = 2^9 \cdot 3^3 \text{ cm}^3 \Rightarrow a = 2^3 \cdot 3 \text{ cm} = 24 \text{ cm}$
   $O = 6 \cdot a^2 = 6 \cdot 24^2 \text{ cm}^2 = 6 \cdot 576 \text{ cm}^2 = 3\,456 \text{ cm}^2$

2. a) ⏱ 3 Minuten,

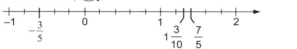

   b) ⏱ 6 Minuten,
   (1) $-7{,}32 < -7{,}231 < -7{,}031 < 7{,}203 < 7{,}23 < 7{,}302$
   (2) $|-7{,}031| < |7{,}203| < |7{,}23| < |-7{,}231| < |7{,}302| < |-7{,}32|$

3. a) ⏱ 4 Minuten,
$$2\frac{5}{8} \cdot \frac{1}{7} - 3\frac{3}{5} : \frac{1}{3} + 2\frac{1}{8} : 8\frac{1}{2} = \frac{21 \cdot 1}{8 \cdot 7} - \frac{18 \cdot 3}{5 \cdot 1} + \frac{17 \cdot 2}{8 \cdot 17}$$
$$= \frac{3}{8} - \frac{54}{5} + \frac{1}{4} = \frac{15 - 432 + 10}{40} = -\frac{407}{40} = -10\frac{7}{40}$$

   b) ⏱ 4 Minuten,
$$4{,}95 : 5{,}5 - \left(\frac{3}{8} + 80 \cdot 0{,}04\right) : 2{,}5 = 0{,}9 - (0{,}375 + 3{,}2) : 2{,}5$$
$$= 0{,}9 - 3{,}575 : 2{,}5 = 0{,}9 - 1{,}43 = -0{,}53$$

4. a) ⏱ 1 Minute,
   $x = 5{,}8$

   b) ⏱ 2 Minuten,
   $x = \dfrac{1}{8}$

c) 🕐 3 Minuten, 📖📕.
$$1,4 \cdot 1,5 - x = 8,7 \cdot 0,2 \cdot 2,5$$
$$2,1 - x = 8,7 \cdot 0,5 \qquad 1$$
$$2,1 - x = 4,35 \qquad 1$$
$$x = 2,1 - 4,35 = -2,25 \qquad 1$$

d) 🕐 5 Minuten, 📖📕 / 📖📕📖.
$$\left[\left(5\tfrac{1}{3}\right)^2 - \left(2\tfrac{1}{3}\right)^2 - 2 \cdot 11\tfrac{1}{2}\right] - x = 4\tfrac{1}{7} - 1\tfrac{1}{14}$$
$$\left[\frac{256}{9} - \frac{49}{9} - 23\right] - x = 3\tfrac{1}{14} \qquad 2$$
$$[23 - 23] - x = 3\tfrac{1}{14} \qquad 1$$
$$0 - x = 3\tfrac{1}{14} \qquad 1$$
$$x = -3\tfrac{1}{14} \qquad 1$$

5. a) 🕐 5 Minuten, 📖📕📖.
$$\frac{446 \cdot 599 - 150}{446 + 599 \cdot 445} = \frac{(445+1) \cdot 599 - 150}{599 \cdot 445 + 446} = \frac{445 \cdot 599 + 599 - 150}{445 \cdot 599 + 446} \qquad 2$$
$$= \frac{445 \cdot 599 + 449}{445 \cdot 599 + 446} = \frac{N+3}{N} > 1 \qquad 2$$

Der Wert des Bruchs ist größer als 1, da der Zähler um 3 größer ist als der Nenner.

6. 🕐 5 Minuten, 📖📕.
$$z = \frac{x^2 + 4x + 6}{x + 2}$$

Man erkennt, dass für $x = 0$ gilt: $z = 3$ 　　2
Durch weiteres Einsetzen kann man finden:
$x = -1$ und damit $z = +3$
$x = -3$ und damit $z = -3$
$x = -4$ und damit $z = -3$ 　　2
Weitere Lösungen gibt es nicht. Es genügen zwei dieser vier Lösungen!

Schulaufgabe 15

		BE
1.	a) Setze jeweils für ... das richtige Zeichen (< oder >) ein:	4

(1) $-\dfrac{4}{7}$ ... $-\dfrac{4}{9}$

(2) $-\dfrac{5}{13}$ ... $-\dfrac{6}{13}$

(3) $1\dfrac{1}{2}$ ... $-10\dfrac{1}{2}$

(4) $-3\dfrac{1}{4}$ ... $-2\dfrac{4}{3}$

b) Ein Würfel besitzt die Oberfläche O = 4 056 cm².
Berechne sein Volumen.   3

2. Berechne:

a) $17\dfrac{1}{2}\,\text{m}^3 \cdot 9\dfrac{3}{7} - 166{,}5\,\text{m}^3 =$ 2

b) $\left(\dfrac{1}{5}\right)^2 \cdot \left[1 - \dfrac{8}{\tfrac{10}{3}}\right] =$ 2

c) $8\,\text{dm}^3 - \left(6\dfrac{3}{5}\,\text{m} - 4\,\text{dm}\right) \cdot 1\,100\,\text{cm}^2 =$ 3

3. Berechne:

a) $\left[\left(3 - \dfrac{2}{5}\right) : 1\dfrac{1}{15} - \dfrac{3}{8}\right] : \left(1\dfrac{1}{2} : \dfrac{1}{2} - 2\dfrac{1}{4}\right) =$ 5

b) $(4{,}04 - 2{,}204) : 0{,}012 - 251{,}66 - \left(9\dfrac{3}{4} - 6{,}04\right) =$ 5

4. Untersuche die folgenden Gleichungen auf Lösbarkeit für $x \in \mathbb{Q}$.

a) $x + \dfrac{1}{2}x - \dfrac{5}{8}x = 0$ 2

b) $\left(4\dfrac{1}{3} + 2\dfrac{1}{6} - 6\dfrac{1}{2}\right) \cdot x = 0$ 3

5. Welche Zahl muss man von der Differenz der Zahlen $21\frac{2}{15}$ und $5\frac{3}{10}$ subtrahieren, um die Summe der Zahlen $7\frac{3}{5}$ und $8\frac{1}{4}$ zu erhalten? 5

6. Für die Zahlen $a, b \in \mathbb{Q}$ mit $a \neq 0, b \neq 0$ bildet man die Summe:
$$s = \frac{a}{|a|} + \frac{b}{|b|} + \frac{a \cdot b}{|a \cdot b|}$$
Ermittle, welche Werte für s möglich sind. 6

Hinweise und Tipps

1. a) Bruchvergleich bei gleichem Zähler bzw. gleichem Nenner anwenden. Achtung: $2\frac{4}{3} = 3\frac{1}{3}$!

    b) Berechne aus der Oberfläche O des Würfels die Kantenlänge a und damit das Volumen V.

2. a) Rechne das Produkt und dann die Differenz aus. Das Ergebnis ist negativ.

    b) Löse den Doppelbruch in der Klammer auf und rechne das Produkt aus.

    c) Rechne in dm, dm^2 bzw. dm^3. Das Ergebnis ist negativ.

3. a) Rechne die Klammern von innen nach außen unter Berücksichtigung von Punktrechnung vor Strichrechnung aus.

    b) Rechne in Dezimalzahlen.

4. a) Aus $a \cdot x = 0$ folgern, dass $x = 0$.

    b) Folgere aus $0 \cdot x = 0$, dass die Gleichung für alle $x \in \mathbb{Q}$ gilt.

5. Ansatz $\left(21\frac{2}{15} - 5\frac{3}{10}\right) - x = 7\frac{3}{5} + 8\frac{1}{4}$ finden, Differenz und Summe ausrechnen und aus $a - x = b$ auf $x = a - b$ schließen.

6. Unterscheide die Zahlen a und b nach ihrem Vorzeichen und summiere die Summanden +1 bzw. −1 auf.

Lösung

1. a) 🕐 4 Minuten, 🧠 / 🧠🧠

   (1) $-\dfrac{4}{7} < -\dfrac{4}{9}$

   (2) $-\dfrac{5}{13} > -\dfrac{6}{13}$

   (3) $1\dfrac{1}{2} > -10\dfrac{1}{2}$

   (4) $-3\dfrac{1}{4} > -2\dfrac{4}{3} = -3\dfrac{1}{3}$

   b) 🕐 3 Minuten, 🧠
   $O = 6 \cdot a^2 = 4\,056\,\text{cm}^2 \Rightarrow a^2 = 676\,\text{cm}^2 = 26^2\,\text{cm}^2 \Rightarrow a = 26\,\text{cm}$
   $V = a^3 = 26^3\,\text{cm}^3 = 676 \cdot 26\,\text{cm}^3 = 17\,576\,\text{cm}^3$

2. a) 🕐 2 Minuten, 🧠
   $17\dfrac{1}{2}\,\text{m}^3 \cdot 9\dfrac{3}{7} - 166{,}5\,\text{m}^3 =$
   $= \dfrac{35 \cdot 66}{2 \cdot 7}\,\text{m}^3 - 166{,}5\,\text{m}^3$
   $= 165\,\text{m}^3 - 166{,}5\,\text{m}^3 = -1{,}5\,\text{m}^3$

   b) 🕐 3 Minuten, 🧠
   $\left(\dfrac{1}{5}\right)^2 \cdot \left[1 - \dfrac{8}{\frac{10}{3}}\right] = \dfrac{1}{25} \cdot \left[1 - \dfrac{24}{10}\right] =$
   $= \dfrac{1}{25} \cdot \left(-\dfrac{7}{5}\right) = -\dfrac{7}{125} = -\dfrac{56}{1\,000} = -0{,}056$

   c) 🕐 4 Minuten, 🧠🧠
   $8\,\text{dm}^3 - \left(6\dfrac{3}{5}\,\text{m} - 4\,\text{dm}\right) \cdot 1\,100\,\text{cm}^2 =$
   $= 8\,\text{dm}^3 - (66\,\text{dm} - 4\,\text{dm}) \cdot 11\,\text{dm}^2$
   $= 8\,\text{dm}^3 - 62 \cdot 11\,\text{dm}^3 = 8\,\text{dm}^3 - 682\,\text{dm}^3 = -674\,\text{dm}^3$

3. a) 🕐 5 Minuten, 🧠🧠

$$\left[\left(3-\frac{2}{5}\right):1\frac{1}{15}-\frac{3}{8}\right]:\left(1\frac{1}{2}:\frac{1}{2}-2\frac{1}{4}\right)=\left[\frac{13\cdot 15}{5\cdot 16}-\frac{3}{8}\right]:\left(3-2\frac{1}{4}\right) \qquad 2$$

$$=\frac{33}{16}:\frac{3}{4}=\frac{33\cdot 4}{16\cdot 3}=\frac{11}{4}=2\frac{3}{4} \qquad 3$$

b) 🕐 5 Minuten, 🧠🧠

$$(4,04-2,204):0,012-251,66-\left(9\frac{3}{4}-6,04\right)=$$

$$=1,836:0,012-251,66-3,71=1\,836:12-251,66-3,71 \qquad 3$$

$$=153-255,37=-102,37 \qquad 2$$

4. a) 🕐 3 Minuten, 🧠

$$x+\frac{1}{2}x-\frac{5}{8}x=0$$

$$\frac{12}{8}x-\frac{5}{8}x=0 \qquad 1$$

$$\frac{7}{8}x=0 \;\Rightarrow\; x=0 \qquad 1$$

b) 🕐 4 Minuten, 🧠🧠

$$\left(4\frac{1}{3}+2\frac{1}{6}-6\frac{1}{2}\right)\cdot x=0$$

$$\left(6\frac{1}{2}-6\frac{1}{2}\right)\cdot x=0 \qquad 1$$

$$0\cdot x=0 \;\Rightarrow\; \text{gültig für alle } x\in\mathbb{Q} \qquad 2$$

5. 🕐 6 Minuten, 🧠🧠

$$\left(21\frac{2}{15}-5\frac{3}{10}\right)-x=7\frac{3}{5}+8\frac{1}{4} \qquad 2$$

$$\left(20\frac{34}{30}-5\frac{9}{30}\right)-x=7\frac{12}{20}+8\frac{5}{20} \qquad 1$$

$$15\frac{5}{6}-x=15\frac{17}{20} \qquad 1$$

$$x=15\frac{100}{120}-15\frac{102}{120}=-\frac{2}{120}=-\frac{1}{60} \qquad 1$$

6. 🕐 6 Minuten,
(1) Beide Zahlen a, b positiv $\Rightarrow$ alle Summanden haben den Wert +1
$\Rightarrow$ s = 3   2
(2) Eine Zahl a, b negativ $\Rightarrow$ ein Summand +1,
zwei Summanden −1
$\Rightarrow$ s = −1   2
(3) Beide Zahlen a, b negativ $\Rightarrow$ zwei Summanden −1,
ein Summand +1
$\Rightarrow$ s = −1   2

Für s sind die Werte −1 oder +3 möglich.

Schulaufgabe 16

	BE
1. a) Berechne: $84{,}81 \text{ dm}^3 + 0{,}356 \text{ m}^3 - 4{,}021 \text{ hl} + 3188 \text{ cm}^3 =$	3
b) Berechne: $2{,}3 \text{ hl} : 20 - 26 \text{ ml} \cdot 80 + (0{,}7 \text{ m} - 4 \text{ dm}) \cdot 20 \text{ cm}^2 =$	3
c) Berechne den Wert des Bruchterms: $\dfrac{1{,}96 \cdot 1{,}8 \cdot 24}{1{,}4 \cdot 6{,}3 \cdot 3{,}2} - 0{,}\overline{81} : \dfrac{2}{11} =$	4

2. a) Bestimme die Zahlen $x \in \mathbb{Z}$, für die gilt:

$-\dfrac{1}{5} < \dfrac{x}{20} < \dfrac{1}{4}$ 2

b) Berechne:

$\dfrac{1}{\dfrac{1}{3} - \dfrac{1}{\dfrac{1}{3}+1}} =$ 4

3. Wandle die Brüche in Dezimalbrüche um und berechne:

a) $\left(4\dfrac{3}{4} \cdot 5 - 2\dfrac{1}{4} : 3\right) \cdot \left(0{,}3 \cdot 20\dfrac{2}{5} - 2{,}5 \cdot 2\dfrac{1}{2}\right) =$ 4

b) $\left(9\dfrac{4}{5} \cdot 6 + 3\dfrac{3}{4} : 0{,}6\right) - 5 \cdot \left(8\dfrac{7}{10} \cdot 0{,}3 - 2\dfrac{5}{8} \cdot 0{,}8\right) =$ 4

4. Zeichne ein Netz und bestimme das Volumen eines Prismas der Höhe 5,5 cm, wenn die Grundfläche

a) ein Dreieck ist mit a = 7,4 cm, c = 6,5 cm und β = 90°,   5

b) ein Trapez ist mit b = 3,2 cm, d = 1 dm, h = 8,9 cm und b∥d.   5

5. Das nebenstehende Viereck ist ein Trapez. Bestimme den Flächeninhalt des Trapezes.

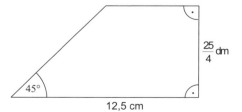

6

Hinweise und Tipps

1. a) Rechne in dm^3 und subtrahiere von der Summe der Plusglieder das Minusglied.

   b) Wieder in dm^3 rechnen und von der Summe der Plusglieder das Minusglied subtrahieren.

   c) Den periodischen Dezimalbruch in einen Bruch umwandeln und Quotienten ausrechnen. Das Ergebnis ist negativ.

2. a) Erweitere $-\frac{1}{5}$ und $\frac{1}{4}$ auf den Nenner 20 und vergleiche die Zähler.

   b) Löse den großen Doppelbruch als Division auf. Berechne im Divisor den Doppelbruch Schritt für Schritt.

3. a) Klammern unter Beachtung von Punktrechnung vor Strichrechnung ausrechnen und den Wert des Produktes bestimmen.

   b) Rechne die Klammern unter Verwendung von Punktrechnung vor Strichrechnung aus und bilde die Differenz.

4. a) Das Dreieck ist rechtwinklig. Berechne seine Grundfläche und multipliziere sie mit der gegeben Höhe des Prismas.

   b) Es sind mehrere Trapeze möglich. Entscheide dich für eines und berechne die Grundfläche des Trapezes.

5. Zerlege das Trapez in ein Quadrat und in ein gleichschenkliges rechtwinkliges Dreieck.

Lösung

BE

1. a) ⏱ 3 Minuten, 🧠

$84,81 \text{ dm}^3 + 0,356 \text{ m}^3 - 4,021 \text{ hl} + 3188 \text{ cm}^3 =$

$= 84,81 \text{ dm}^3 + 356 \text{ dm}^3 - 402,1 \text{ dm}^3 + 3,188 \text{ dm}^3$ 2

$= 443,998 \text{ dm}^3 - 402,1 \text{ dm}^3 = 41,898 \text{ dm}^3$ 1

b) ⏱ 3 Minuten, 🧠

$2,3 \text{ hl} : 20 - 26 \text{ ml} \cdot 80 + (0,7 \text{ m} - 4 \text{ dm}) \cdot 20 \text{ cm}^2 =$

$= 230 \text{ dm}^3 : 20 - 26 \text{ cm}^3 \cdot 80 + 30 \text{ cm} \cdot 20 \text{ cm}^2$ 1

$= 11,5 \text{ dm}^3 - 2,08 \text{ dm}^3 + 0,6 \text{ dm}^3$ 1

$= 12,1 \text{ dm}^3 - 2,08 \text{ dm}^3$

$= 10,02 \text{ dm}^3$ 1

c) ⏱ 4 Minuten, 🧠 / 🧠🧠

$\dfrac{1,96 \cdot 1,8 \cdot 24}{1,4 \cdot 6,3 \cdot 3,2} - 0,\overline{81} : \dfrac{2}{11} = \dfrac{196 \cdot 18 \cdot 24}{14 \cdot 63 \cdot 32} - \dfrac{81 \cdot 11}{99 \cdot 2} =$ 1

$= \dfrac{14 \cdot 2 \cdot 3}{1 \cdot 7 \cdot 4} - \dfrac{81 \cdot 1}{9 \cdot 2} = \dfrac{2 \cdot 1 \cdot 3}{1 \cdot 1 \cdot 2} - \dfrac{9}{2} = 3 - 4,5 = -1,5$ 3

2. a) ⏱ 3 Minuten, 🧠

$-\dfrac{1}{5} < \dfrac{x}{20} < \dfrac{1}{4}$

$-\dfrac{4}{20} < \dfrac{x}{20} < \dfrac{5}{20} \quad \Rightarrow \quad x \in \{-3; -2; -1; 0; 1; 2; 3; 4\}$ 2

b) ⏱ 5 Minuten, 🧠🧠

$\dfrac{1}{\dfrac{1}{3} - \dfrac{1}{\frac{1}{3}+1}} = 1 : \left(\dfrac{1}{3} - \dfrac{1}{\frac{1}{3}+1}\right) = 1 : \left(\dfrac{1}{3} - \dfrac{1}{\frac{1+3}{3}}\right) =$ 2

$= 1 : \left(\dfrac{1}{3} - \dfrac{3}{4}\right) = 1 : \left(\dfrac{4}{12} - \dfrac{9}{12}\right) = 1 : \left(-\dfrac{5}{12}\right) = -\dfrac{12}{5} = -2\dfrac{2}{5} = -2,4$ 2

3. a) ⏲ 5 Minuten,

$$\left(4\frac{3}{4}\cdot 5 - 2\frac{1}{4}:3\right)\cdot\left(0{,}3\cdot 20\frac{2}{5} - 2{,}5\cdot 2\frac{1}{2}\right) =$$
$$= (4{,}75\cdot 5 - 2{,}25:3)\cdot(0{,}3\cdot 20{,}4 - 2{,}5\cdot 2{,}5)$$
$$= (23{,}75 - 0{,}75)\cdot(6{,}12 - 6{,}25) = 23\cdot(-0{,}13) = -2{,}99$$

b) ⏲ 4 Minuten,

$$\left(9\frac{4}{5}\cdot 6 + 3\frac{3}{4}:0{,}6\right) - 5\cdot\left(8\frac{7}{10}\cdot 0{,}3 - 2\frac{5}{8}\cdot 0{,}8\right) =$$
$$= (9{,}8\cdot 6 + 3{,}75:0{,}6) - 5\cdot(8{,}7\cdot 0{,}3 - 2{,}625\cdot 0{,}8)$$
$$= (58{,}8 + 6{,}25) - 5\cdot(2{,}61 - 2{,}1)$$
$$= 65{,}05 - 5\cdot 0{,}51 = 65{,}05 - 2{,}55 = 62{,}5$$

4. a) ⏲ 5 Minuten,

$$A_D = \frac{1}{2}\cdot 6{,}5\cdot 7{,}4\text{ cm}^2$$
$$= \frac{1}{2}\cdot 48{,}1\text{ cm}^2 = 24{,}05\text{ cm}^2$$
$$V_P = A_D\cdot 5{,}5\text{ cm} = 24{,}05\cdot 5{,}5\text{ cm}^3$$
$$= 132{,}275\text{ cm}^3$$

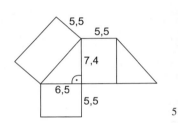

b) ⏲ 6 Minuten,

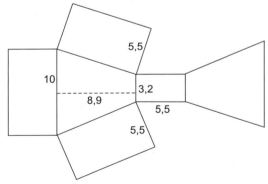

$$A_T = \frac{1}{2}\cdot(10 + 3{,}2)\cdot 8{,}9\text{ cm}^2 = 6{,}6\cdot 8{,}9\text{ cm}^2 = 58{,}74\text{ cm}^2$$
$$V_P = A_T\cdot 5{,}5\text{ cm} = 58{,}74\cdot 5{,}5\text{ cm}^3 = 323{,}07\text{ cm}^3$$

5. 🕐 7 Minuten, 🌐🌐 / 🌐🌐🌐

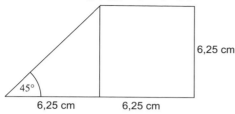

$A = A_Q + A_{Dr}$

$= \left(6{,}25 \cdot 6{,}25 + \dfrac{1}{2} \cdot 6{,}25 \cdot 6{,}25\right) \text{cm}^2$

$= \left(\dfrac{25}{4} \cdot \dfrac{25}{4} + \dfrac{1}{2} \cdot \dfrac{25}{4} \cdot \dfrac{25}{4}\right) \text{cm}^2$

$= \left(\dfrac{625}{16} + \dfrac{625}{32}\right) \text{cm}^2 = \dfrac{1\,875}{32} \text{cm}^2$

$= 58\dfrac{19}{32} \text{cm}^2$

Schulaufgaben zum Themenbereich 5

Mathematik im Alltag:
- Prozentrechnung und Diagramme
- Schlussrechnungen

Schulaufgabe 17

BE

1. a) Gib jeweils in % an: 2

    (1) $\dfrac{33}{40} =$

    (2) $\dfrac{5}{8} =$

  b) Schreibe als Bruchteil: 2
    (1) $4{,}8\,\% =$

    (2) $4\dfrac{1}{6}\,\% =$

2. a) Schinken verliert beim Räuchern $\dfrac{3}{26}$ seines Gewichts. Ein roher Schinken wiegt 10,4 kg.
Berechne sein Gewicht nach dem Räuchern.   3

  b) Eine Obsthändlerin kauft 40 kg Äpfel zu einem Preis von insgesamt 80 € ein. Sie verkauft 24 kg zu einem Preis von 2,40 € pro kg. Den Rest muss sie so verkaufen, dass sie am Schluss weder Gewinn noch Verlust macht.
Berechne, wie teuer sie 1 kg des Restes verkaufen muss.   3

3. a) Rechteckflächen   4
    (1) Ein rechteckiger Garten wird so vergrößert, dass sowohl Länge als auch Breite um 20 % zunehmen.
Um wie viel Prozent vergrößert sich die Fläche des Gartens?
    (2) Wie ändert sich der Flächeninhalt eines Rechtecks, wenn die eine Seite um 30 % vergrößert, die andere um 30 % verkleinert wird?

  b) Ein Betrieb darf in der Bilanz den Wert für eine Maschine jährlich um 30 % absenken.
Ermittle, nach wie vielen Jahren ihr Wert auf unter 40 % gesunken ist.   3

4. Eine Firma produziert Fernsehgeräte, die in einer Endkontrolle überprüft werden. Dabei stellen sich durchschnittlich 2 % aller produzierten Fernseher als fehlerhaft heraus und müssen nochmals zurück in die Produktion. Die anderen gelangen in den Verkauf. Das sind 8 232 Stück pro Tag.

a) Ermittle die Höhe der Tagesproduktion an Fernsehgeräten. 4

b) Gib an, wie viele Geräte täglich von der Kontrolle ausgesondert und in die Produktion zurückgeschickt werden. 3

5. Wie viele m³ „umbauten" Raum hat das nebenstehende Haus, wenn man 5 % des Gesamtvolumens für das Mauerwerk abzieht?

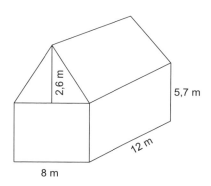

6

6. Eine Wasserleitung liefert in 6 Minuten 120 Liter Wasser.

a) Berechne, wie viele Minuten sie geöffnet sein muss, um ein Becken mit einem Inhalt von 42 hℓ halb zu füllen. 4

b) Stelle den Zusammenhang zwischen benötigter Zeit (in Minuten) und Wasservolumen (in Liter) in einem Liniendiagramm (30 min ≙ 1 cm; 1 000 ℓ ≙ 1 cm) dar.
Lies daran ab, wie lange es dauert, das Becken zu $\frac{2}{7}$ bzw. zu $\frac{6}{7}$ zu füllen, und wie voll das Becken nach 210 Minuten ist. 6

Hinweis: Die bisher bekannten Punkte liegen auf einer Linie durch den Ursprung.

Hinweise und Tipps

1. a) Schreibe die Bruchteile als Kommazahlen oder erweitere auf den Nenner 100 bzw. 1 000.

   b) Schreibe die Prozentzahl als Hundertstel und kürze.

2. a) Überlege, welcher Bruchteil übrig bleibt, oder rechne $\frac{3}{26}$ aus und subtrahiere.

   b) Finde den Ansatz $(80 - 24 \cdot 2,4) : 16$ und rechne aus.

3. a) Schreibe die Seiten als Bruchteile der ursprünglichen Seiten, bilde das Produkt und vergleiche den neuen Wert mit dem alten.

   b) Beachte jeweils den Werterhalt von 70 % von Jahr zu Jahr.

4. a) Schließe aus den 98 % = $\frac{98}{100}$ auf die Gesamtzahl.

   b) Rechne 2 % von 8 400 Stück aus.

5. Volumen mithilfe der Formel $V = G \cdot h = (G_R + G_A) \cdot h$ ausrechnen. Dann 5 % subtrahieren bzw. 95 % des Gesamtvolumens berechnen.

6. a) Berechne, wie viele Liter in 1 Minute ins Becken fließen, und darüber, wie lange es dauert, bis 2 100 ℓ im Becken sind.

   b) Zeichne das Diagramm mit dem angegebenen Maßstab. Trage die dir bekannten Punkte (6 min | 120 ℓ) und (105 min | 2 100 ℓ) ein und verbinde sie durch eine Linie. Lies die gesuchten Werte ab.

Lösung

BE

1. a) 🕒 2 Minuten, 🌐

(1) $\dfrac{33}{40} = \dfrac{825}{1\,000} = 0,825 = 82,5\,\%$ 1

(2) $\dfrac{5}{8} = 0,625 = 62,5\,\%$ 1

b) 🕒 2 Minuten, 🌐

(1) $4,8\,\% = \dfrac{48}{1\,000} = \dfrac{6}{125}$ 1

(2) $4\dfrac{1}{6}\,\% = \dfrac{25}{600} = \dfrac{1}{24}$ 1

2. a) 🕒 5 Minuten, 🌐

Nach dem Räuchern bleiben noch $\dfrac{23}{26}$ übrig, d. h.

$\dfrac{23}{26}$ von $10\dfrac{2}{5}$ kg $= \dfrac{23 \cdot 52}{26 \cdot 5}$ kg $= \dfrac{46}{5}$ kg $= 9\dfrac{1}{5}$ kg 3

oder

$\dfrac{3}{26}$ von $10\dfrac{2}{5}$ kg $= \dfrac{3 \cdot 52}{26 \cdot 5}$ kg $= \dfrac{6}{5}$ kg $\Rightarrow 10\dfrac{2}{5}$ kg $- 1\dfrac{1}{5}$ kg $= 9\dfrac{1}{5}$ kg

Der Schinken wiegt nach dem Räuchern noch $9\dfrac{1}{5}$ kg.

b) 🕒 5 Minuten, 🌐🌐

Es wird in € bzw. kg gerechnet:

$(80 - 24 \cdot 2,4) : (40 - 24) = (80 - 57,6) : 16 = 22,4 : 16 = 1,4$ 3

1 kg des Rests kostet 1,40 €.

3. a) 🕒 4 Minuten, 🌐🌐

(1) $A_{neu} = 1,2a \cdot 1,2b = 1,44a \cdot b = 1,44A \Rightarrow$ Zunahme um 44 % 2

(2) $A_{neu} = 1,3a \cdot 0,7b = 0,91a \cdot b = 0,91A \Rightarrow$ Abnahme um 9 % 2

b) 🕒 4 Minuten, 🌐🌐

1. Jahr: 0,7 1
2. Jahr: $0,7 \cdot 0,7 = 0,49$ 1
3. Jahr: $0,7 \cdot 0,7 \cdot 0,7 = 0,343 < 40\,\%$ 1

Nach 3 Jahren ist der Wert auf 34,3 %, d. h. unter 40 % abgesunken.

4. a) ⏲ 4 Minuten,
98 % entsprechen 8 232 Stück
1 % entspricht 8 232 : 98 Stück
100 % entsprechen 823 200 : 98 = 8 400 Stück
Die Tagesproduktion beträgt 8 400 Stück.

b) ⏲ 3 Minuten,
2 % von 8 400 Stück = 0,02 · 8 400 Stück = 168 Stück
168 Stück werden ausgesondert.

5. ⏲ 6 Minuten,
Gesamtvolumen:

$$V = 12 \cdot 8 \cdot 5{,}7^3 \text{ m}^3 + \frac{1}{2} \cdot 12 \cdot 8 \cdot 2{,}6 \text{ m}^3 =$$

$$= 12 \cdot 8 \cdot 5{,}7 \text{ m}^3 + 12 \cdot 8 \cdot 1{,}3 \text{ m}^3$$

$$= 12 \cdot 8 \cdot (5{,}7 + 1{,}3) \text{ m}^3 = 12 \cdot 8 \cdot 7 \text{ m}^3$$

$$= 672 \text{ m}^3$$

Zieht man 5 % vom Volumen ab, dann bleiben 95 % übrig.
5 % von $672 \text{ m}^3 = 0{,}05 \cdot 672 \text{ m}^3 = 33{,}6 \text{ m}^3$
$\Rightarrow$ Umbauter Raum: $672 \text{ m}^3 - 33{,}6 \text{ m}^3 = 638{,}4 \text{ m}^3$
oder
95 % von $672 \text{ m}^3 = 0{,}95 \cdot 672 \text{ m}^3 = 638{,}4 \text{ m}^3$

6. a) ⏲ 4 Minuten,
Das Becken soll zur Hälfte gefüllt werden:

$$\frac{1}{2} \cdot 42 \text{ hl} = 21 \text{ hl} = 2\,100 \text{ } \ell$$

In 6 Minuten liefert die Wasserleitung 120 ℓ Wasser:
6 Minuten $\hat{=} 120 \text{ } \ell$
1 Minute $\hat{=} 20 \text{ } \ell$

$$\frac{2\,100 \text{ } \ell}{20 \text{ } \ell} = 105$$

Die Wasserleitung muss 105 min = 1 h 45 min geöffnet sein.

b) 🕐 6 Minuten, 🧩🧠

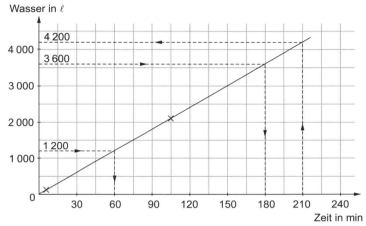

Wasser in ℓ

Zeit in min   3

$\frac{2}{7} \cdot 4\,200\,\ell = 1\,200\,\ell \overset{\text{ablesen}}{\Rightarrow}$ 60 Minuten

$\frac{6}{7} \cdot 4\,200\,\ell = 3\,600\,\ell \overset{\text{ablesen}}{\Rightarrow}$ 180 Minuten

210 Minuten $\overset{\text{ablesen}}{\Rightarrow}$ 4 200 ℓ (Das Becken ist komplett gefüllt.)   3

Schulaufgabe 18

	BE
1. a) Gib in % an: (1) 0,0135 = (2) $1\frac{1}{4}=$ (3) $\frac{36}{625}=$	3
b) Schreibe als gekürzten gewöhnlichen Bruch: (1) 2,5 % = (2) 6,25 % = (3) 2,25 % =	3

2. a) Iris erhält nur 50 % des Taschengelds von Stefanie. Um wie viel Prozent muss der Vater von Iris das Taschengeld erhöhen, damit sie gleich viel wie Stefanie bekommt? ... 3

   b) Zwei Stäbe wurden auf je 84 cm verkürzt und zwar der erste **um** 30 %, der zweite **auf** 30 % der ursprünglichen Länge. Berechne die Längen der beiden Stäbe. ... 4

   c) Um wie viel Prozent verkleinert sich das Volumen eines Würfels mit der Kantenlänge 8 cm, wenn jede Kante um 25 % verkürzt wird? ... 4

3. a) Ein Sägewerk soll einen Baumstamm in 15 Bretter von je 3 cm Dicke zersägen. Der Auftrag wird auf 18 Bretter umgeändert. Berechne die Dicke jedes Bretts. ... 4

   b) Lea und Emmanuel benötigen 3 Stunden, um heruntergefallene Pflaumen vom Boden aufzulesen. Wie lange würden sie zusammen mit Bastian für die gleiche Menge brauchen, wenn alle drei gleich fleißig sind? ... 3

4. Der Rechnungsbetrag für eine Lieferung Schulbücher beträgt 1 013,88 €.

   a) Im Rechnungsbetrag sind 19 % Mehrwertsteuer enthalten. Berechne den Nettobetrag, d. h. den Rechnungsbetrag ohne Mehrwertsteuer. ... 3

   b) Wird die Rechnung innerhalb von zehn Tagen bezahlt, können vom Gesamtrechnungsbetrag 2 % Skonto abgezogen werden. Ermittle, welcher Betrag dann an die Firma gezahlt werden muss. ... 3

5. Bei einer Verkehrszählung von einer Autobahnbrücke aus wurden in einer Stunde folgende Fahrzeuge gezählt:

Art des Fahrzeugs	Lkw	Pkw	Motorrad
Anzahl	873	2 394	333

Bestimme die relativen Häufigkeiten als Prozentwerte und zeichne ein Stabdiagramm.

6. Fünf Schüler, die alle gleich fleißig sind, bauen in 12 Minuten 15 Bänke für das bevorstehende Schulfest auf.
Wie viele Bänke werden von $\frac{4}{5}$ der Schüler, die ebenfalls alle gleich fleißig sind, in $133\frac{1}{3}$ % der Zeit aufgebaut?

Hinweise und Tipps

1. a) Schreibe die Bruchteile als Dezimalzahlen und multipliziere mit 100.
   b) Schreibe die Prozentzahlen als Hundertstel.

2. a) Überlege, welche Prozentzahl einer Verdopplung entspricht.
   b) Unterscheide die Verkürzung „um" und „auf", d. h. 0,7x bzw. 0,3x, wobei x der ursprünglichen Länge entspricht.
   c) Berechne die Volumina vom ursprünglichen und vom neuen Würfel. Drücke die Differenz in Bezug auf das ursprüngliche Volumen in Prozent aus.

3. a) Bestimme die Gesamtdicke des Baumstamms und teile sie durch 18.
   b) Schließe auf die Zeit, die Lea alleine brauchen würde, und berechne damit die Zeit, die alle drei zusammen benötigen.

4. a) Der Gesamtbetrag enthält 119 %, der Nettobetrag 100 %, die Mehrwertsteuer 19 %.
   b) Berechne entweder 2 % von 1 013,88 € und subtrahiere von 1 013,88 € oder berechne direkt 98 % von 1 013,88 €.

5. Stelle die Gesamtzahl 3 600 fest, berechne die relativen Häufigkeiten und zeichne das Stabdiagramm.

6. Berechne, wie viele Bänke ein Schüler in 12 Minuten aufbaut. Schließe darüber auf die Anzahl der Bänke, die in $133\frac{1}{3}$ % der Zeit aufgebaut werden.

Lösung

BE

1. a) 🕒 3 Minuten, 🧠
   (1) $0{,}0135 = 1{,}35\,\%$ 1
   (2) $1\dfrac{1}{4} = 1{,}25 = 125\,\%$ 1
   (3) $\dfrac{36}{625} \cdot 100\,\% = 3\,600 : 625\,\% = 5{,}76\,\%$ 1

   b) 🕒 3 Minuten, 🧠
   (1) $2{,}5\,\% = \dfrac{2{,}5}{100} = \dfrac{5}{200} = \dfrac{1}{40}$ 1
   (2) $6{,}25\,\% = \dfrac{6{,}25}{100} = \dfrac{25}{400} = \dfrac{1}{16}$ 1
   (3) $2{,}25\,\% = \dfrac{2{,}25}{100} = \dfrac{9}{400}$ 1

2. a) 🕒 2 Minuten, 🧠🧠
   Es findet eine Verdopplung des Taschengeldes statt, d. h. eine Erhöhung um 100 %. 3

   b) 🕒 6 Minuten, 🧠🧠
   Verkürzung **um** 30 %, d. h. 84 cm sind 70 % der ursprünglichen Länge.
   10 % entsprechen dann $\dfrac{1}{7} \cdot 84$ cm = 12 cm. 100 % entsprechen 120 cm.
   Der erste Stab war 120 cm = 1,20 m lang. 2

   Verkürzung **auf** 30 %, d. h. 84 cm sind 30 % der ursprünglichen Länge.
   10 % sind dann $\dfrac{1}{3} \cdot 84$ cm = 28 cm. 100 % entsprechen 280 cm.
   Der zweite Stab war 280 cm = 2,80 m lang. 2

   c) 🕒 6 Minuten, 🧠🧠
   ursprünglicher Würfel: $V_W = 8^3$ cm^3 = 512 cm^3
   neuer Würfel: Kantenlänge $0{,}75 \cdot 8$ cm = 6 cm
   $$V_{neu} = 6^3 \text{ cm}^3 = 216 \text{ cm}^3$$ 1
   Verkleinerung um 512 cm^3 − 216 cm^3 = 296 cm^3
   Als Prozentsatz: $p = \dfrac{296}{512} \cdot 100\,\% = 29\,600 : 512\,\% \approx 57{,}81\,\%$ 2

3. a) ⏲ 3 Minuten, 🖉 / 🖉🖩
   Der Baumstamm ist
   15 · 3 cm = 45 cm
   dick.
   45 cm : 18 = 2,5 cm
   Ein Brett wird jetzt 2,5 cm dick.

   b) ⏲ 2 Minuten, 🖉
   2 Kinder ≙ 3 Stunden
   1 Kind ≙ 6 Stunden
   3 Kinder ≙ 2 Stunden

   Lea, Emmanuel und Bastian brauchen zusammen 2 Stunden, um alle Pflaumen vom Boden aufzulesen.

4. a) ⏲ 4 Minuten, 🖉🖩
   Der Rechnungsbetrag beläuft sich auf 119 % (= 100 % + 19 %), d. h.
   119 % entsprechen 1 013,88 €.
   100 % entsprechen dann $\dfrac{1\,013{,}88 \cdot 100}{119}$ € = 101 388 : 119 € = 852 €
   Der Nettobetrag (100 %) der Rechnung liegt bei 852 €.

   b) ⏲ 4 Minuten, 🖉🖩
   2 % Skonto von 1 013,88 € = 0,02 · 1 013,88 € = 20,28 €
   Zu zahlender Betrag: 1 013,88 € − 20,28 € = 993,60 €
   oder
   Zu zahlen sind: 98 % von 1 013,88 € = 0,98 · 1 013,88 € = 993,60 €

5. ⏲ 6 Minuten, 🖉
   Es sind insgesamt 873 + 2 394 + 333 = 3 600 Fahrzeuge.
   Relative Häufigkeiten:

   Lkw : $\dfrac{873}{3\,600} \cdot 100\,\% = 24{,}25\,\%$

   Pkw : $\dfrac{2\,394}{3\,600} \cdot 100\,\% = 66{,}50\,\%$

   Motorrad : $\dfrac{333}{3\,600} \cdot 100\,\% = 9{,}25\,\%$

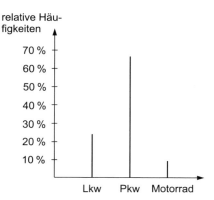

6. ⏲ 6 Minuten, 🌍🌎🌏.

In 12 Minuten werden von einem Schüler $\frac{15}{5} = 3$ Bänke aufgebaut.

Nun:

$\frac{4}{5} \cdot 5 = 4$ Schüler

$133\frac{1}{3}\% \cdot 12$ Minuten $= 1\frac{1}{3} \cdot 12$ Minuten $= 16$ Minuten

12 Minuten $\triangleq$ 3 Bänke
16 Minuten $\triangleq$ x Bänke

$x = \frac{16 \cdot 3}{12} = 4$

In 16 Minuten baut 1 Schüler 4 Bänke auf. Damit schaffen 4 Schüler in dieser Zeit 16 Bänke.

Schulaufgabe 19

BE

1. Dominik puzzelt gerne. Sein Bruder Leon und er schaffen in 15 Minuten 40 Teile zusammenzupuzzeln. Schwesterchen Luise möchte mitpuzzeln. Wie viele Teile schaffen Dominik, Leon und Luise in der gleichen Zeit, wenn sie alle gleich gut sind? 4

2. a) Christians Taschengeld von 24 € wird zuerst um 12,5 % erhöht, später nochmals um 20 %. Wie viel Taschengeld erhält Christian jetzt und um wie viel Prozent hat sich sein Taschengeld insgesamt erhöht? 4

   b) Der Preis für Bananen wird um 20 % erhöht, danach der neue Preis um 20 % gesenkt.
   Welchen Prozentsatz des ursprünglichen Preises macht der neue Preis aus? 4

3. a) Berechne den Zins, den 6 000 € in 90 Tagen bei einem jährlichen Zinssatz von 4,5 % bringen. 2

   b) Bei einem Zinssatz von 6,5 % ergaben sich nach einem Jahr 12 780 € als Summe aus Guthaben und Zinsen.
   Berechne sein ursprüngliches Guthaben. 4

   c) Frau Meier hat für einen Kredit über 24 000 € bei einem jährlichen Zinssatz von 10,5 % an Zinsen 560 € bezahlen müssen.
   Ermittle die Anzahl der Tage, die sie den Kredit in Anspruch genommen hat. 3

4. Zum Backen von $7\frac{1}{2}$ kg Brot benötigt man 6 kg Mehl.

   a) Berechne, wie hoch der prozentuale Anteil von Mehl im Brot ist. 2

   b) Bestimme, wie viel Mehl man für 80 kg Brot benötigt. 3

   c) Berechne, wie viel Brot man aus 56 kg Mehl erhält. 3

5. Die Reparatur von Mias Auto kostet 546,00 €, dazu kommen noch 19 % Mehrwertsteuer. Wenn sie die Rechnung innerhalb von zehn Tagen bezahlt, können vom Rechnungsbetrag (einschließlich Mehrwertsteuer) 2 % Skonto abgezogen werden.
   Berechne, wie viel Mia in diesem Fall für die Reparatur bezahlen muss. 4

6. Die Schüler der Klasse 6 a eines Gymnasiums wurden unabhängig voneinander nach ihrem Lieblingshaustier befragt.

	Klasse 6 a
Katze	5
Hund	10
Hamster	4
Hase	3
Maus	3
Schlange	2
Schildkröte	3

a) Berechne die relativen Häufigkeiten und erstelle ein Kreisdiagramm.

b) Ein halbes Jahr später werden die Schüler der Klasse 6 a erneut befragt. Als Lieblingshaustier haben nun
- 20 % weniger Katze,
- 30 % mehr Hund,
- 25 % weniger Hamster,
- $33\frac{1}{3}$ % weniger Schildkröte

genannt, bezogen auf die jeweiligen Werte der ersten Befragung. Berechne die neuen absoluten Häufigkeiten.

Hinweise und Tipps

1. Rechne aus, wie lange Dominik alleine brauchen würde, und multipliziere diese Zahl mit 3.

2. a) Rechne zuerst die 1. Erhöhung, dann die 2. Erhöhung vom erhöhten Betrag aus. Drücke die Gesamterhöhung 8,40 € im Vergleich zu 24 € als Prozentwert aus.

   b) Zuerst die Erhöhung auf 120 %, dann die Absenkung auf 80 % von 120 % beachten.

3. a) Rechne mit 360 Tagen für 1 Jahr.

   b) Schließe aus 106,5 % auf den Grundwert (100 %).

   c) Rechne die Zinsen für 1 Jahr aus. Drücke 560 € erst als Zinsanteil aus und anschließend als Anteil in Tagen. Rechne mit 360 Tagen für 1 Jahr.

4. a) Rechne den Prozentsatz aus.

   b) Verwende den Dreisatz oder quotientengleiche Paare.

   c) Dreisatz oder quotientengleiche Paare verwenden.

5. Addiere die Mehrwertsteuer und den Nettobetrag und ziehe von diesem Gesamtbetrag 2 % Skonto ab.

6. a) Bestimme die Gesamtschülerzahl und berechne über die relativen Häufigkeiten die entsprechenden Winkel im Kreisdiagramm.

   b) Wandle die Prozentangaben in Dezimalzahlen um. Multipliziere mit den Ausgangswerten.

Lösung

	BE
1. 🕐 2 Minuten, 🌍🌏	
2 Kinder ≙ 40 Teile	
1 Kind ≙ 20 Teile	4
3 Kinder ≙ 60 Teile	
Zusammen schaffen die 3 Geschwister 60 Teile in 15 Minuten.	

2. a) 🕐 4 Minuten, 🌍🌏
1. Erhöhung: $1{,}125 \cdot 24\ € = 27\ €$ 1
2. Erhöhung: $1{,}2 \cdot 27\ € = 32{,}40\ €$ 1

oder

1. Erhöhung um $\frac{1}{8}$ von $24\ € = 3\ € \;\Rightarrow\; 27\ €$
2. Erhöhung um $\frac{1}{5}$ von $27\ € = 5{,}40\ € \;\Rightarrow\; 32{,}40\ €$

Erhöhung insgesamt: 8,40 €

Prozentsatz: $p = \dfrac{8{,}4}{24} \cdot 100\ \% = 35\ \%$ 2

Das Taschengeld wurde insgesamt um 35 % erhöht.

b) 🕐 4 Minuten, 🌍🌏
Erhöhung um 20 %: Von x auf $1{,}2 \cdot x$ 1
Senkung um 20 %: Von 1,2x auf $0{,}8 \cdot 1{,}2 \cdot x = 0{,}96 \cdot x$ 2
Der neue Preis beträgt 96 % des ursprünglichen Preises.   1

3. a) 🕐 3 Minuten, 🌍🌏
Für die Zinsrechnung wird 1 Jahr als 360 Tage angesetzt. 90 Tage entsprechen daher $\frac{90}{360} = \frac{1}{4}$ eines Jahres.

$Z = 6\,000\ € \cdot 4{,}5\ \% \cdot \dfrac{1}{4} = 1\,500 \cdot \dfrac{4{,}5}{100}\ € = 67{,}50\ €$ 2

Man erhält einen Zins von 67,50 €.

b) 🕐 5 Minuten, 🌍🌏
106,5 % von G sind 12 780 €
$1{,}065 \cdot G = 12\,780\ €$ 1
        $G = 12\,780\ € : 1{,}065 = 12\,780\,000\ € : 1\,065$ 1
        $G = 12\,000\ €$ 2

Das ursprüngliche Guthaben war 12 000 €.

c) 🕐 4 Minuten, 📖📚

$10,5\,\% \cdot 24\,000\,€ = 0,105 \cdot 24\,000\,€ = 2\,520\,€$ 1

Die Zinsen von 560 € entsprechen $\frac{560}{2\,520} = \frac{2}{9}$ eines Jahres, das wieder mit 360 Tagen angesetzt wird.

$\frac{2}{9} \cdot 360 = 80$ 2

Frau Meier hat den Kredit 80 Tage in Anspruch genommen.

4. a) 🕐 2 Minuten, 📖

$\dfrac{6}{7\frac{1}{2}} \cdot 100\,\% = \dfrac{6 \cdot 2 \cdot 100}{15}\,\% = 80\,\%$ 2

Der Anteil des Mehls im Brot beträgt 80 %.

b) 🕐 4 Minuten, 📖📚

$7\frac{1}{2}$ kg Brot aus 6 kg Mehl

1 kg Brot aus 6 kg : $7\frac{1}{2}$ Mehl

80 kg Brot aus $\dfrac{6 \cdot 2 \cdot 80}{15}$ kg = 64 kg Mehl   3

oder mit Teilaufgabe a:
80 % von 80 kg = 64 kg

Man benötigt 64 kg Mehl für 80 kg Brot.

c) 🕐 3 Minuten, 📖📚

6 kg Mehl für $7\frac{1}{2}$ kg Brot

1 kg Mehl für $7\frac{1}{2}$: 6 kg Brot

56 kg Mehl für $\dfrac{15 \cdot 56}{2 \cdot 6} = 70$ kg Brot   3

oder mit Teilaufgabe a:
80 % entsprechen 56 kg
10 % entsprechen 7 kg
100 % entsprechen 70 kg

Aus 56 kg Mehl erhält man 70 kg Brot.

5. ⏱ 5 Minuten, 🌐🔍

Die Mehrwertsteuer beträgt 19 % von 546 € = 0,19 · 546 € = 103,74 €

⇒ Rechnungsbetrag: 546 € + 103,74 € = 649,74 €

2 % Skonto von 649,74 € = 0,02 · 649,74 € = 12,99 €

zu zahlender Betrag: 649,74 € − 12,99 € = 636,75 €

Mia muss nur 636,75 € zahlen, wenn sie innerhalb von zehn Tagen zahlt.

6. a) ⏱ 7 Minuten, 🌐🔍🌐

In Klasse 6 a sind 30 Schüler.

Katze	$\frac{5}{30} = 16,\overline{6}\,\%$	$\frac{5}{30} \cdot 360° = 60°$
Hund	$\frac{10}{30} = 33,\overline{3}\,\%$	$\frac{10}{30} \cdot 360° = 120°$
Hamster	$\frac{4}{30} = 13,\overline{3}\,\%$	$\frac{4}{30} \cdot 360° = 48°$
Hase	$\frac{3}{30} = 10\,\%$	$\frac{3}{30} \cdot 360° = 36°$
Maus	$\frac{3}{30} = 10\,\%$	$\frac{3}{30} \cdot 360° = 36°$
Schlange	$\frac{2}{30} = 6,\overline{6}\,\%$	$\frac{2}{30} \cdot 360° = 24°$
Schildkröte	$\frac{3}{30} = 10\,\%$	$\frac{3}{30} \cdot 360° = 36°$

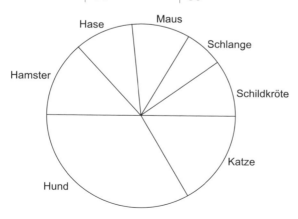

b) ⏲ 2 Minuten,
Katze: $0{,}8 \cdot 5 = 4$
Hund: $1{,}3 \cdot 10 = 13$
Hamster: $0{,}75 \cdot 4 = 3$
Schildkröte: $0{,}\overline{6} \cdot 3 = \dfrac{2}{3} \cdot 3 = 2$

2

Schulaufgabe 20

		BE
1.	a) Um wie viel Prozent sind 4 % größer als 2 %?	2
	b) Berechne:	4
	(1) 50 % von 20 %	
	(2) 20 % von 20 %	
	(3) 10 ‰ von 10 %	
	(4) 10 % von 10 ‰	

2. a) Ein Einzelfahrschein kostet 1,80 €, eine Streifenkarte für zwölf Fahrten 19,20 €.
    Ermittle, um wie viel Prozent eine Fahrt mit der Streifenkarte billiger ist als ein Einzelfahrschein. 4

    b) Beim Kauf eines Grundstücks müssen 1,4 % Überschreibungskosten gezahlt werden. Das sind 994 €.
    Berechne, wie teuer das Grundstück war. 3

3. Ein quaderförmiges Becken ist 6 m lang, 5 m breit und 1 m tief. In dem Becken, das geleert werden soll, steht das Wasser 80 cm hoch. Da der Abfluss verstopft ist, muss das Wasser mit einem Tankwagen abtransportiert werden, der 4,2 m³ Wasser fasst.

    a) Ermittle, wie viel Prozent des Wassers im Becken der Tankwagen fasst. 4

    b) Berechne, wie hoch das Wasser im Becken steht, wenn der Tankwagen zweimal weggefahren ist. 4

4. a) In Belgien spricht ein Teil der Bevölkerung nur Niederländisch, ein Teil nur Französisch, manche sprechen beide Sprachen. Marina behauptet, dass 75 % Niederländisch und 63 % Französisch sprechen. Mindestens wie viele Einwohner von Belgien sprechen laut Marina beide Sprachen? 3

    b) Bei einer Untersuchung von höheren Angestellten auf die Fremdsprachen Englisch und Französisch stellt man fest, dass 10 % der Personen weder Englisch noch Französisch, 75 % Englisch und 83 % Französisch sprechen.
    Wie viel Prozent der Personen sprechen sowohl Englisch als auch Französisch? 4

5. Ein Schwimmbecken fasst 90 m³ Wasser. Es besitzt nur eine Zuleitung, die das Becken bei voller Öffnung in 54 h füllen kann.

a) Berechne, wie viele m³ Wasser bei voller Öffnung nach 12 h im anfänglich leeren Becken sind. 3

b) Ermittle, wie lange es bei voller Öffnung dauert, bis 360 hℓ Wasser zugeflossen sind. 4

c) In das Becken werden zuerst 300 hℓ Wasser bei voller Öffnung eingefüllt. Der Rest wird bei halber Öffnung des Zuflusses eingelassen. Berechne, wie lange der gesamte Füllvorgang dauert. 5

Hinweise und Tipps

1. a) Beachte die Verdopplung.
   b) Es gilt: $10\,‰ = 0{,}01$.

2. a) Beziehe die Differenz der Einzelfahrten auf 1,80 € und berechne den Prozentwert.
   b) Aus 1,4 % des Betrags auf 100 % schließen.

3. a) $4{,}2\ m^3$ im Verhältnis zum Gesamtwasservolumen als Prozentwert angeben.
   b) Verwende für das Volumen $2 \cdot 4{,}2\ m^2$ die Formel $V = G \cdot h$ und rechne h aus.

4. a) Die Anzahl derjenigen, die nicht Niederländisch sprechen, ausrechnen und von denen, die Französisch sprechen, subtrahieren. Das ergibt den Mindestprozentsatz.
   b) Subtrahiere den Prozentsatz der Personen, die beide Sprachen sprechen, von der Summe der beiden Einzelprozentsätze.
   Die Veranschaulichung durch ein Mengenbild ist sehr hilfreich.

5. a) Rechne aus, wie viele m^3 Wasser in 1 h ins Becken fließen und schließe daraus auf 12 h.
   b) Bestimme, wie lange die Zuleitung für $1\ m^3$ Wasser braucht und schließe daraus auf 360 hℓ.
   c) Schlussrechnung geschickt anwenden, da $600\ hℓ = 2 \cdot 300\ hℓ$ gilt.

Lösung

BE

1. a) ⏲ 2 Minuten, 🔁.
4 % ist doppelt so groß wie 2 %, d. h. um 100 % größer als 2 %.   2

    b) ⏲ 4 Minuten, 🔁.
     (1) 50 % von 20 % = 0,5 · 20 % = 10 %   1
     (2) 20 % von 20 % = 0,2 · 20 % = 4 %   1
     (3) 10 ‰ von 10 % = 0,01 · 10 % = 0,1 %   1
     (4) 10 % von 10 ‰ = 0,1 · 10 ‰ = 1 ‰   1

2. a) ⏲ 5 Minuten, 🔁🧮.

$$\frac{1{,}80 - 19{,}2 : 12}{1{,}80} \cdot 100\,\% = \frac{1{,}80 - 1{,}60}{1{,}80} \cdot 100\,\%$$ 2

$$= \frac{0{,}2}{1{,}8} \cdot 100\,\% = \frac{1}{9} \cdot 100\,\% = 11\frac{1}{9}\,\%$$ 2

Eine Fahrt mit der Steifenkarte ist um $11\frac{1}{9}\,\%$ billiger.

    b) ⏲ 3 Minuten, 🔁.
1,4 % entsprechen 994 €
1 % entspricht 994 € : 1,4   1
100 % entsprechen (994 € : 1,4) · 100 = 99 400 € : 1,4 = 71 000 €   2
Das Grundstück kostete 71 000 €.

3. a) ⏲ 4 Minuten, 🔁🧮.
Für den Inhalt des Beckens gilt: $V = 6 \cdot 5 \cdot 0{,}8\,\text{m}^3 = 24\,\text{m}^3$ 1

Prozentsatz: $p = \dfrac{4{,}2}{24} \cdot 100\,\% = 17{,}5\,\%$ 3

Der Tankwagen fasst 17,5 % des Wassers im Becken.

    b) ⏲ 5 Minuten, 🔁🧮.
Inhalt des Beckens nach zweimaligem Wegfahren:
$V = 24\,\text{m}^3 - 8{,}4\,\text{m}^3 = 15{,}6\,\text{m}^3$ 1
Aus $V = G \cdot h$ mit $G = 6 \cdot 5\,\text{m}^2 = 30\,\text{m}^2$ gilt:

$$h = \frac{V}{G} = \frac{15{,}6\,\text{m}^3}{30\,\text{m}^2} = 0{,}52\,\text{m} = 52\,\text{cm}$$ 3

Das Wasser im Becken steht noch 52 cm hoch.
oder: (15,6 : 24) · 80 cm = 1 248 : 24 cm = 52 cm

4. a) ⏲ 3 Minuten, 🌐📖
100 % − 75 % = 25 % sprechen nicht Niederländisch.
Mindestens 63 % − 25 % = 38 % sprechen beide Sprachen.

b) ⏲ 4 Minuten, 🌐📖
100 % − 10 % = 90 % sprechen eine der beiden Sprachen.
Daraus folgt, dass
75 % + 83 % − 90 % = 68 % sowohl Englisch als auch Französisch sprechen.

Ein zugehöriges Mengenbild sieht wie nebenstehend aus.

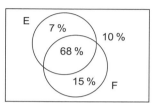

5. a) ⏲ 4 Minuten, 🌐📖
54 h ≙ 90 m³
$1\,h \triangleq 1\frac{2}{3}\,m^3$
12 h ≙ 20 m³
Nach 12 h sind 20 m³ Wasser im anfänglich leeren Becken.

b) ⏲ 5 Minuten, 🌐📖
1 m³ = 1 000 dm³ = 1 000 ℓ = 10 hℓ
900 hℓ ≙ 54 h
1 hℓ ≙ 0,06 h
360 hℓ ≙ 21,6 h
Es dauert 21,6 h = 21 h 36 min, bis 360 hℓ Wasser zugeflossen sind.

c) ⏲ 6 Minuten, 🌐📖🌐
900 hℓ in 54 h
300 hℓ in 54 h : 3 = 18 h
Rest 600 hℓ ist das Doppelte von 300 hℓ. Bei halber Öffnung des Zuflusses benötigt man die vierfache Zeit wie bei den ersten 300 hℓ,
d. h. man benötigt 4 · 18 h = 72 h.
Gesamtfüllzeit: 18 h + 72 h = 90 h

Schulaufgabe 21

	BE
1. a) Gib die Ergebnisse an:	2
(1) Berechne 11 % von 550 €.	
(2) Wie viel sind 10 % von 10 %?	
b) Sebastian hat 9 €, Karina 15 €. Karina schenkt Sebastian 3 €.	2
(1) Wie viel % ihres Geldes hat Karina verschenkt?	
(2) Wie viel % seines Geldes hat Sebastian erhalten?	

2. a) Berechne: 4
    (1) Wie viel sind 60 % von 44 kg?
    (2) 125 % einer Strecke sind 6,4 km. Wie lang ist die Strecke?

  b) In einer Klasse sind 37,5 % der Schüler Mädchen und 20 sind Jungen. Wie stark ist die Klasse?   3

  c) Die Miete einer Wohnung wurde um 12 % erhöht, sodass jetzt 76,32 € mehr zu zahlen sind.
Berechne die Höhe der alten und der neuen Miete.   3

3. a) In einem Betrieb wird von einer achtstündigen Schicht auf eine sechsstündige Schicht übergegangen.   4
    (1) Um wie viel Prozent würde die Produktion pro Schicht abnehmen, wenn die Produktivität nicht steigt?
    (2) Um wie viel Prozent müsste die Produktivität steigen, damit die Produktion je Schicht nicht abnimmt?

  b) Herr Raser fährt innerhalb einer geschlossenen Ortschaft statt der vorgeschriebenen 50 $\frac{km}{h}$ mit 70 $\frac{km}{h}$ schneller als erlaubt.
Um wie viel Prozent überschreitet er die erlaubte Geschwindigkeit?   3

4. Herr Krüger hat ein Monatsgehalt von 4 000 €. Auf seiner Abrechnung sind 610 € Lohnsteuer ausgewiesen.

  a) Welcher Prozentsatz des Gehalts bleibt Herrn Krüger nach Abzug der Lohnsteuer?   4

  b) Zu bezahlen sind auch noch Kirchensteuer und Solidaritätszuschlag. Die Kirchensteuer beträgt 8 %, der Solidaritätszuschlag 5,5 % der Lohnsteuer.
Welcher Betrag bleibt Herrn Krüger nach Abzug all der Steuern?   4

5. 5 Eichhörnchen sammeln in 10 Minuten 40 Nüsse.
Gib an, wie viele Nüsse 10 Eichhörnchen in 5 Minuten sammeln.

6. Sechs Maler brauchen zum Streichen einer großen Halle 14 Arbeitstage, wenn sie täglich sechs Stunden arbeiten und alle gleiche Arbeitsleistung erbringen.

a) Da bei Beginn der Arbeit zwei Maler erkrankt sind, arbeiten die restlichen täglich eine Stunde länger.
Ermittle, wie viele Arbeitstage sie jetzt benötigen, bis die Halle fertig ist.

b) Herr Klug möchte die Halle in einer Stunde gestrichen haben.
Ermittle, wie viele Maler man dazu bräuchte. Was meinst du zu diesem Ergebnis?

Hinweise und Tipps

1. a) Erkenne die Formulierung „von" als „·".
   b) 3 € werden einmal auf 15 €, das andere Mal auf 9 € bezogen.

2. a) Bedeutung von „von" als „·" erkennen.
   b) Schließe aus dem Bruchteil der Anzahl der Jungen auf die Gesamtzahl.
   c) Aus den 12 % Mieterhöhung auf den ursprünglichen Wert der Miete und dann auf den neuen Wert schließen.

3. a) Verkleinerung um „2 von 8" bzw. Erhöhung um „2 von 6" erkennen und Prozentwerte ausrechnen.
   b) Berechne die Geschwindigkeitsüberschreitung in Bezug auf 50 $\frac{km}{h}$ als Prozentzahl.

4. a) Bruchteil $\frac{610}{4\,000}$ als Prozentwert ausrechnen und von 100 % subtrahieren oder direkt $\frac{4\,000 - 610}{4\,000}$ als Prozentwert berechnen.
   b) Es werden insgesamt noch $(8 + 5{,}5)\,\% = 13{,}5\,\%$ der Lohnsteuer abgezogen.

5. Berechne, wie viele Nüsse ein Eichhörnchen in 5 Minuten sammelt, und schließe darüber auf die Anzahl der Nüsse, die 10 Eichhörnchen in 5 Minuten sammeln.

6. a) Rechne aus, wie lange 6 Maler insgesamt streichen. Berechne dann, wie viele Stunden 4 Maler zusammen an einem Tag streichen, und dividiere.
   b) Benutze das erste Ergebnis aus Teilaufgabe a.

Lösung

1. a) ⏲ 2 Minuten, 🧠
   (1) 11 % von 550 € = 0,11 · 550 € = 60,50 €
   (2) 10 % von 10 % = 0,1 · 10 % = 1 %

  b) ⏲ 3 Minuten, 🧠
   (1) Karina verschenkt: $\dfrac{3}{15} \cdot 100\ \% = 20\ \%$

   (2) Sebastian erhält: $\dfrac{3}{9} \cdot 100\ \% = 33\dfrac{1}{3}\ \%$

BE
1
1

1

1

2. a) ⏲ 4 Minuten, 🧠/🧠🧠
   (1) 60 % von 44 kg = 0,6 · 44 kg = 26,4 kg
   (2) 125 % entsprechen 6,4 km = 6 400 m

     100 % entsprechen $\dfrac{6\,400 \cdot 100}{125}$ m = $\dfrac{6\,400 \cdot 4}{5}$ m = 5 120 m

   Die Strecke ist 5 120 m = 5,120 km lang.

  b) ⏲ 3 Minuten, 🧠🧠
   62,5 % = $\dfrac{5}{8}$ entsprechen 20 Schüler, d. h. $\dfrac{1}{8}$ sind 4 Schüler.

   Insgesamt sind es 32 Schüler, 20 Jungen und 12 Mädchen.

  c) ⏲ 4 Minuten, 🧠/🧠🧠
   12 % entsprechen 76,32 €

   1 % entspricht $\dfrac{76,32}{12}$ €

   100 % entsprechen 7 632 € : 12 = 636 €
   ⇒ alte Miete: 636 €
       neue Miete: 712,32 €

1

3

1
2

1
1
1

3. a) ⏲ 4 Minuten, 🧠🧠
   (1) Es fallen
     $\dfrac{2}{8} = \dfrac{1}{4} = 25\ \%$
   an Produktion weg.

2

(2) Die Produktivität müsste um 2 Einheiten von 6 Einheiten zunehmen, d. h. die Produktivität müsste um

$$\frac{2}{6} = \frac{1}{3} = 33\frac{1}{3}\,\%$$

zunehmen.

b) ⏲ 3 Minuten, 🌐 / 🌐🌐
Herr Raser fährt 20 $\frac{km}{h}$ bezogen auf 50 $\frac{km}{h}$ zu schnell. d. h. um

$$\frac{20}{50} = \frac{2}{5} = 40\,\%.$$

Er überschreitet die erlaubte Geschwindigkeit um 40 %.

4. a) ⏲ 3 Minuten, 🌐

$$\frac{610}{4\,000} \cdot 100\,\% = 61 : 4\,\% = 15,25\,\%$$

Es verbleiben noch 84,75 %.
oder

$$\frac{3\,390}{4\,000} \cdot 100\,\% = 339 : 4\,\% = 84,75\,\%$$

b) ⏲ 4 Minuten, 🌐 / 🌐🌐
Es werden noch $8\,\% + 5,5\,\% = 13,5\,\%$ bezüglich 610 € abgezogen.
13,5 % von 610 € = 0,135 · 610 € = 82,35 €
Herrn Krüger verbleiben nach Abzug der Steuern:
4 000 € − 610 € − 82,35 € = 3 307,65 €

5. ⏲ 3 Minuten, 🌐🌐
5 Eichhörnchen ≙ 40 Nüsse in 10 Minuten
1 Eichhörnchen ≙ 8 Nüsse in 10 Minuten
    bzw. 4 Nüsse in 5 Minuten
10 Eichhörnchen sammeln in 5 Minuten 10 · 4 = 40 Nüsse.

6. a) ⏱ 7 Minuten, 🌐🌐🌐

6 Maler würden in den 14 Arbeitstagen
$6 \cdot 6 \cdot 14 = 36 \cdot 14 = 504$
Stunden brauchen, um die Halle zu streichen.

Nun: 4 Maler
       7 Stunden pro Tag

Damit folgt: $4 \cdot 7 = 28$

$$\frac{504}{28} = 18$$

Es dauert 18 Tage bis die Halle fertig ist, wenn nur vier Maler arbeiten.

b) ⏱ 5 Minuten, 🌐🌐

Aus Teilaufgabe a wissen wir, dass die Halle in 504 Stunden gestrichen ist. D. h. man bräuchte 504 Maler.

504 Maler stehen normalerweise nicht zur Verfügung. Außerdem würden sie sich gegenseitig beim Malen behindern.

Schulaufgabe 22

BE

1. a) Die Regentonne von Familie Schmitt fasst 2 m³ Wasser. Berechne die Zeit, in der die anfangs volle Regentonne geleert wird, wenn Familie Schmitt einen Schlauch anschließt, der pro Minute 12,5 Liter Wasser abpumpt.   4

   b) Auf einem Foto nimmt ein Gebäude eine Fläche von $33\frac{1}{3}$ % ein. Das Foto wird auf das Dreifache vergrößert. Berechne, wie viel Prozent der Fläche das Gebäude auf der Vergrößerung einnimmt.   2

2. Ein Würfel hat die Kantenlänge 10 cm. Verlängert man vier zueinander parallele Kanten um 20 % und verkürzt die anderen Kanten um 10 %, so entsteht ein Quader.
   Berechne, um wie viel Prozent das Volumen des Quaders größer oder kleiner ist als das Volumen des Würfels.   4

3. Die Geschwister Florian, Jessica und Steffen haben sechs Wochen Ferien, in denen sie vier Wochen bei den Großeltern verbringen wollen. Florian fährt zu Beginn der Ferien, Jessica eine Woche später und Steffen nochmals eine Woche später zu den Großeltern.
   Wie groß ist der Anteil der Ferien in Prozent, in dem die Großeltern alle drei Kinder bei sich haben?   4

4. Um auf einen 52 m hohen Kirchturm zu steigen, muss man 325 gleichartige Stufen hochgehen.

   a) Wie viele Stufen muss man überwinden, wenn man auf $\frac{4}{13}$ der Höhe die Aussicht aus dem Turmfenster genießen möchte?   5

   b) Erstelle ein Liniendiagramm (50 Stufen = 1 cm; 10 m = 1 cm), das den Zusammenhang zwischen der Anzahl der Stufen und dem überwundenen Höhenunterschied zeigt.   5

   c) Nach 200 Stufen befindet sich im Turm eine Plattform. Wie hoch liegt die Plattform über dem Ausgangspunkt? Berechne diesen Wert und lies ihn auch aus der Zeichnung zu b ab.   3

5. a) Herr Süß backt 2 Kuchen in 1,5 Stunden. Wie viele Kuchen backt er in 3 Stunden? 2

b) Anna und Saskia fahren mit dem Fahrrad in 30 Minuten 8 km. Wie lange brauchen sie für 16 km, wenn sie doppelt so schnell fahren? 2

c) Frau Schmidt hängt 8 Strümpfe in 2 Minuten auf. Wie lange benötigt sie für 40 Strümpfe? 3

6. In einem Betrieb arbeiten 2 160 Personen, doppelt so viele Männer wie Frauen. Für vorbildliche Leistungen erhalten 22,5 % aller weiblichen und 18,75 % aller männlichen Mitarbeiter eine Prämie. Wie viel Prozent aller Mitarbeiter werden prämiert? 6

Hinweise und Tipps

1. a) Rechne m³ in ℓ um und dividiere durch 12,5.
   b) Überlege!

2. Schreibe die Quaderkanten als Bruchteile der Würfelkanten und berechne das Volumen.

3. Verdeutliche die Besuchszeiten durch Abstreichen der sechs Wochen Ferien.

4. a) Berechne die Höhe einer Stufe und teile $52 \cdot \frac{4}{13}$ durch diese Zahl.
   b) Zeichne die dir bekannten Punkte (325|52), (100|16) in das Diagramm und verbinde sie durch eine Linie.
   c) Dreisatz verwenden und Wert zusätzlich im Graphen ablesen.

5. a) Herr Süß hat nun doppelt so lange Zeit.
   b) Wenn die beiden doppelt so schnell fahren, dann legen sie dieselbe Entfernung in der Hälfte der Zeit zurück.
   c) Rechne aus, wie lange sie für einen Strumpf benötigt, und multipliziere das Ergebnis mit 40.

6. Berechne für 720 Frauen und 1 440 Männer die Gesamtzahl der Prämierten über $720 \cdot 0{,}025 + 1\,440 \cdot 0{,}1875$ und beziehe diese auf die 2 160 Personen.

Lösung

	BE

1. a) 🕐 3 Minuten, 🌐

   $2\,m^3 = 2\,000\,dm^3 = 2\,000\,\ell$ 2

   $(2\,000 : 12{,}5)\,min = (20\,000 : 125)\,min = 160\,min = 2\,h\,40\,min$ 2

   In 2 h 40 min wird die Regentonne komplett geleert.

   b) 🕐 2 Minuten, 🌐.

   Der Anteil bleibt bei $33\frac{1}{3}\%$.   2

2. 🕐 5 Minuten, 🌐🌐 / 🌐🌐🌐.

   Würfel mit der Kantenlänge a: $V_W = a^3$ 1

   Quader mit den Kantenlängen 1,2a; 0,9a; 0,9a besitzt das Volumen   1

   $V_Q = 1{,}2a \cdot 0{,}9a \cdot 0{,}9a = 0{,}972a^3$,

   d. h. nur 97,2 % des Volumens des Würfels.   1

   Das Volumen des Quaders ist um 2,8 % kleiner als das des Würfels.   1

3. 🕐 5 Minuten, 🌐🌐.

Woche Kind	1.	2.	3.	4.	5.	6.
Florian	x	x	x	x		
Jessica		x	x	x	x	
Steffen			x	x	x	x

   In zwei der sechs Wochen, d. h. in $\frac{1}{3} = 33\frac{1}{3}\%$ der Zeit, betreuen die Großeltern alle drei Kinder.   4

4. a) 🕐 5 Minuten, 🌐🌐.

   $\dfrac{52}{325}\,m = \dfrac{4}{25}\,m = 0{,}16\,m = 16\,cm$ 2

   Jede Stufe ist 16 cm hoch.

   $52\,m \cdot \dfrac{4}{13} = \dfrac{52 \cdot 4}{13}\,m = 4 \cdot 4\,m = 16\,m$ 2

   Auf 16 m Höhe befindet sich das Fenster.

   $\dfrac{16}{0{,}16} = \dfrac{1\,600}{16} = 100$ 1

   Um die Aussicht genießen zu können, muss man 100 Stufen steigen.

oder

$\frac{4}{13} \cdot 325 \text{ Stufen} = 100 \text{ Stufen}$

b) 🕓 5 Minuten, 🌐📖

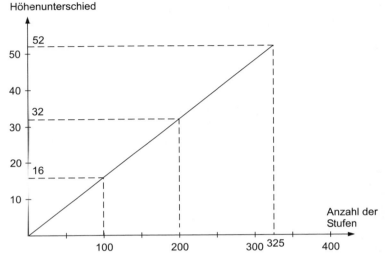

c) 🕓 4 Minuten, 🌐📖
$200 \cdot 0{,}16 \text{ m} = 32 \text{ m}$
Die Plattform liegt 32 m hoch. Dieser Wert kann auch im Graphen unter Teilaufgabe b abgelesen werden.

5. a) 🕓 2 Minuten, 🌐
Er backt $2 \cdot 2 = 4$ Kuchen.

b) 🕓 3 Minuten, 🌐📖
Wenn sie doppelt so schnell fahren, benötigen sie nur die Hälfte der Zeit. Für 8 km brauchen sie dann nur 15 Minuten und für 16 km folglich $2 \cdot 15 = 30$ Minuten.

c) 🕓 3 Minuten, 🌐📖
8 Strümpfe in 2 min
1 Strumpf in 2 min : 8 = 0,25 min
40 Strümpfe in 0,25 min · 40 = 10 min
Frau Schmidt benötigt 10 Minuten, um 40 Strümpfe aufzuhängen.

6. ⏲ 8 Minuten, 🌐🌐🌐

Im Betrieb arbeiten $2\,160 : 3 = 720$ Frauen und $2\,160 - 720 = 1\,440$ Männer. 1
Prämiert werden insgesamt
$720 \cdot 22{,}5\,\% + 1\,440 \cdot 18{,}75\,\% = 720 \cdot 0{,}225 + 1\,440 \cdot 0{,}1875$
$= 162 + 270 = 432$ 3
Personen. Damit werden

$$\frac{432}{2\,160} \cdot 100\,\% = 0{,}2 \cdot 100\,\% = 20\,\%$$ 2

aller Mitarbeiter prämiert.

Ihre Meinung ist uns wichtig!

Ihre Anregungen sind uns immer willkommen. Bitte informieren Sie uns mit diesem Schein über Ihre Verbesserungsvorschläge!

Titel-Nr.	Seite	Vorschlag

Lernen • Wissen • Zukunft

22-V1M

Bitte ausfüllen und im frankierten Umschlag an uns einsenden. Für Fensterkuverts geeignet.

**STARK Verlag
Postfach 1852
85318 Freising**

Zutreffendes bitte ankreuzen!

Die Absenderin/der Absender ist:

- ☐ Lehrer/in in den Klassenstufen:
- ☐ Fachbetreuer/in
  Fächer:
- ☐ Seminarlehrer/in
  Fächer:
- ☐ Regierungsfachberater/in
  Fächer:
- ☐ Oberstufenbetreuer/in

- ☐ Schulleiter/in
- ☐ Referendar/in, Termin 2. Staatsexamen:
- ☐ Leiter/in Lehrerbibliothek
- ☐ Leiter/in Schülerbibliothek
- ☐ Sekretariat
- ☐ Eltern
- ☐ Schüler/in, Klasse:
- ☐ Sonstiges:

Unterrichtsfächer: (Bei Lehrkräften)

Kennen Sie Ihre Kundennummer?
Bitte hier eintragen.

Absender (Bitte in Druckbuchstaben!)

Name/Vorname

Straße/Nr.

PLZ/Ort/Ortsteil

Telefon privat   Geburtsjahr

E-Mail

Schule/Schulstempel (Bitte immer angeben!)

Bitte hier abtrennen

Sicher durch alle Klassen!

Lernerfolg durch selbstständiges Üben zu Hause!
Die von Fachlehrern entwickelten Trainingsbände
enthalten alle nötigen Fakten und viele Übungen
mit schülergerechten Lösungen.

Mathematik – Training

Mathematik 5. Klasse .... Best.-Nr. 90005
Mathematik 5. Klasse – Baden-Württemberg ... Best.-Nr. 80005
Mathematik 6. Klasse .... Best.-Nr. 900062
Algebra und Stochastik 7. Klasse .... Best.-Nr. 50007
Algebra 7. Klasse – Bayern .... Best.-Nr. 900111
Geometrie 7. Klasse .... Best.-Nr. 900211
Algebra, Geometrie und Stochastik 8. Klasse .. Best.-Nr. 900121
Algebra und Stochastik 9. Klasse .... Best.-Nr. 900138
Geometrie 9. Klasse .... Best.-Nr. 900221
Algebra und Stochastik 10. Klasse .... Best.-Nr. 900148
Geometrie 10. Klasse .... Best.-Nr. 900248
Wiederholung Algebra .... Best.-Nr. 90009
Wiederholung Geometrie .... Best.-Nr. 90010
Kompakt-Wissen Algebra .... Best.-Nr. 90016
Kompakt-Wissen Geometrie .... Best.-Nr. 90026
Kompakt-Wissen Grundwissen
Algebra · Stochastik · Geometrie – Bayern ..... Best.-Nr. 900168

Mathematik – Klassenarbeiten · Schulaufgaben

Klassenarbeiten Mathematik 5. Klasse .... Best.-Nr. 500301
Schulaufgaben Mathematik 5. Kl. – Bayern ... Best.-Nr. 900301
Klassenarbeiten Mathematik 6. Klasse .... Best.-Nr. 500302
Schulaufgaben Mathematik 6. Kl. – Bayern ... Best.-Nr. 900302
Klassenarbeiten Mathematik 7. Klasse .... Best.-Nr. 900311
Klassenarbeiten Mathematik 8. Klasse .... Best.-Nr. 900321
Klassenarbeiten Mathematik 9. Klasse .... Best.-Nr. 500331
Schulaufgaben Mathematik 9. Kl. – Bayern ... Best.-Nr. 900331
Klassenarbeiten Mathematik 10. Klasse .... Best.-Nr. 900341

Physik

Physik – Mittelstufe 1 .... Best.-Nr. 90301
Physik – Mittelstufe 2 .... Best.-Nr. 90302
Physik – Übertritt in die Oberstufe .... Best.-Nr. 80301

Chemie/Biologie

Chemie – Mittelstufe 1 .... Best.-Nr. 90731
Chemie – Mittelstufe 2 .... Best.-Nr. 90732
Kompakt-Wissen Grundwissen Chemie .... Best.-Nr. 907301
Training Biologie – Unterstufe .... Best.-Nr. 90701
Training Biologie – Mittelstufe 1 .... Best.-Nr. 90702
Kompakt-Wissen Biologie
Unter- und Mittelstufe .... Best.-Nr. 907001

Geschichte

Kompakt-Wissen Geschichte Unter-/Mittelstufe ... Best.-Nr. 907601

Deutsch – Training

Leseverstehen 5./6. Klasse .... Best.-Nr. 90410
Rechtschreibung und Diktat
5./6. Klasse mit CD .... Best.-Nr. 90408
Grammatik und Stil 5./6. Klasse .... Best.-Nr. 90406
Aufsatz 5./6. Klasse .... Best.-Nr. 90401
Zeichensetzung 5.–7. Klasse .... Best.-Nr. 944013
Leseverstehen 7./8. Klasse .... Best.-Nr. 90411
Grammatik und Stil 7./8. Klasse .... Best.-Nr. 90407
Aufsatz 7./8. Klasse .... Best.-Nr. 90403
Aufsatz 9./10. Klasse .... Best.-Nr. 90404
Diktat 5.–10. Klasse mit MP3-CD .... Best.-Nr. 944012
Deutsche Rechtschreibung 5.–10. Klasse ...... Best.-Nr. 944011
Übertritt in die Oberstufe .... Best.-Nr. 90409
Kompakt-Wissen Rechtschreibung .... Best.-Nr. 944065
Kompakt-Wissen Deutsch Aufsatz
Unter-/Mittelstufe .... Best.-Nr. 904401
Grundwissen
Epochen der deutschen Literatur im Überblick ... Best.-Nr. 104401

Deutsch – Klassenarbeiten

Klassenarbeiten 5. Klasse .... Best.-Nr. 104051
Klassenarbeiten 6. Klasse .... Best.-Nr. 104061
Klassenarbeiten 7. Klasse .... Best.-Nr. 104071
Klassenarbeiten 8. Klasse .... Best.-Nr. 104081

(Bitte blättern Sie um)

Englisch – Training

Englisch Grundwissen 5. Klasse mit MP3-CD Lesen · Schreiben · Hören · Wortschatz	Best.-Nr. 90516
Englisch Grundwissen Grammatik 5. Klasse	Best.-Nr. 90505
Englisch Grundwissen Grammatik 6. Klasse	Best.-Nr. 90506
Hörverstehen 6. Klasse mit CD	Best.-Nr. 90511
Wortschatzübung 6. Klasse mit CD	Best.-Nr. 90519
Rechtschreibung und Diktat 6. Klasse mit 2 CDs	Best.-Nr. 90532
Englisch Grundwissen 7. Klasse	Best.-Nr. 90507
Hörverstehen 7. Klasse mit CD	Best.-Nr. 90513
Englisch Grundwissen 8. Klasse	Best.-Nr. 90508
Leseverstehen 8. Klasse	Best.-Nr. 90522
Englisch Grundwissen 9. Klasse	Best.-Nr. 90509
Englisch Grundwissen 10. Klasse	Best.-Nr. 90510
Textproduktion 9./10. Klasse	Best.-Nr. 90541
Englische Rechtschreibung 9./10. Klasse	Best.-Nr. 80453
Wortschatzübung Mittelstufe	Best.-Nr. 90520
Englisch Übertritt in die Oberstufe	Best.-Nr. 82453
Kompakt-Wissen Kurzgrammatik	Best.-Nr. 90461
Kompakt-Wissen Grundwortschatz	Best.-Nr. 90464

Englisch – Klassenarbeiten

Klassenarbeiten Englisch 5. Kl. mit Audio-CD	Best.-Nr. 905053
Klassenarbeiten Englisch 6. Kl. mit Audio-CD	Best.-Nr. 905063
Klassenarbeiten Englisch 7. Kl. mit Audio-CD	Best.-Nr. 905073
Klassenarbeiten Englisch 9. Kl. mit Audio-CD	Best.-Nr. 105093
Klassenarbeiten Englisch 10. Kl. mit MP3-CD	Best.-Nr. 104611

Sprachenzertifikat · DELF

Sprachenzertifikat Englisch Niveau A 2 mit Audio-CD	Best.-Nr. 105552
Sprachenzertifikat Englisch Niveau B 1 mit Audio-CD	Best.-Nr. 105550
Sprachenzertifikat Französisch DELF B1 mit MP3-CD	Best.-Nr. 105530

Französisch

Französisch im 1. Lernjahr	Best.-Nr. 905502
Rechtschreibung und Diktat 1./2. Lernjahr mit 2 CDs	Best.-Nr. 905501
Französisch im 2. Lernjahr	Best.-Nr. 905503
Französisch im 3. Lernjahr	Best.-Nr. 905504
Französisch im 4. Lernjahr	Best.-Nr. 905505
Wortschatzübung Mittelstufe	Best.-Nr. 94510
Kompakt-Wissen Grundwortschatz	Best.-Nr. 905001

Latein

Latein I/II im 1. Lernjahr 5./6. Klasse	Best.-Nr. 906051
Latein I/II im 2. Lernjahr 6./7. Klasse	Best.-Nr. 906061
Latein I/II im 3. Lernjahr 7./8. Klasse	Best.-Nr. 906071
Übersetzung im 1. Lektürejahr	Best.-Nr. 906091
Übersetzung im 2. Lektürejahr	Best.-Nr. 906092
Wiederholung Grammatik	Best.-Nr. 94601
Wortkunde	Best.-Nr. 94603
Kompakt-Wissen Kurzgrammatik	Best.-Nr. 906011
Kompakt-Wissen Sachwissen zum Lateinunterricht	Best.-Nr. 906012

Spanisch

Spanisch im 1. Lernjahr	Best.-Nr. 905401
Spanisch im 2. Lernjahr	Best.-Nr. 905402
Kompakt-Wissen Grundwortschatz	Best.-Nr. 945402

Natürlich führen wir noch mehr Titel für alle Fächer und Stufen: Alle Informationen unter
www.stark-verlag.de

Lernen · Wissen · Zukunft

Bestellungen bitte direkt an:
STARK Verlagsgesellschaft mbH & Co. KG · Postfach 1852 · 85318 Freising
Tel. 0180 3 179000* · Fax 0180 3 179001* · www.stark-verlag.de · info@stark-verlag.de
*9 Cent pro Min. aus dem deutschen Festnetz, Mobilfunk bis 42 Cent pro Min.
Aus dem Mobilfunknetz wählen Sie die Festnetznummer: 08167 9573-0